Die Besteuerung nach dem Wertzuwachs

insbesondere

die direkte Wertzuwachssteuer

Von

H. Weissenborn

Burgermeister in Halberstadt

Springer-Verlag Berlin Heidelberg GmbH 1910

ISBN 978-3-662-38614-9 ISBN 978-3-662-39470-0 (eBook)
DOI 10.1007/978-3-662-39470-0

Universitäts-Buchdruckerei von Gustav Schade (Otto Francke) in Berlin N
und Fürstenwalde (Spree).

Vorwort.

Die vorliegende Schrift hat einen doppelten Zweck. Einmal soll sie in die Einzelfragen der Wertzuwachssteuer-Ordnungen etwas tiefer und etwas wissenschaftlicher eindringen, als es gerade die für die Praxis bestimmte Wertzuwachssteuerliteratur, wie ich meine, bisher getan hat. Zweitens soll sie eine neue Bahn für die Entwickelung des alten Grundgedankens dieser — im guten Sinne modernen — Steuer erschließen.

Die bisherige Literatur über die Wertzuwachssteuer ist trotz ihres Umfanges für die Praxis wenig fruchtbar gewesen. Sie behandelte zum größten Teil theoretische, an sich recht wichtige Einzelfragen, deren Bedeutung aber in dem Augenblick ziemlich gering wird, in dem sich ein Staat oder eine Gemeinde zur Einführung der Wertzuwachssteuer entschlossen hat, und in dem nun die Steuerordnung zu entwerfen ist. Die verhältnismäßig wenigen Aufsätze und größeren Arbeiten aber, die für die Praxis bestimmt sind, dringen in alle für den Gesetzgeber auftauchenden Einzelfragen nur ziemlich oberflächlich ein und rechtfertigen die einzelnen Vorschläge oft mit derart allgemein gehaltenen Erwägungen, daß eine ziemliche Verwirrung gerade in den für die Steuer grundlegenden Gedanken bereits eingetreten ist. Viel Schuld an dieser Verwirrung trägt wohl die manchmal etwas lückenhafte Kenntnis der grundlegenden nationalökonomischen Begriffe. Dieser Mangel tritt am deutlichsten in den Steuerordnungen selbst und in ihren Begründungen zutage, besonders häufig findet sich die — für eine Wertzuwachssteuer natürlich besonders mißliche — Verwechselung der Begriffe Wert und Preis und der Faktoren, die den Preis regeln, mit denjenigen, die den Wert bestimmen. Auch dort, wo die eigentlichen Wertfaktoren richtig erkannt sind, besteht aber wieder Unklarheit über ihre Bedeutung und über ihr Verhältnis zueinander.

Für diesen Zweck der Arbeit bin ich mir freilich darüber klar, daß er für den vielbeschäftigten Kommunalpraktiker ein großes Wagnis in sich schließt. Indessen erschien mir die Aufgabe an sich zu wichtig, um dies Bedenken obsiegen zu lassen.

Der zweite Zweck der Arbeit macht sie in etwas zu einer Tendenzschrift. Es ist aber mein fortgesetztes Bestreben gewesen, auch der indirekten Wertzuwachssteuer gerecht zu werden, obwohl sie m. E. ihre Entstehung und ihre schnelle Verbreitung nur der früheren Fassung des Kommunalabgabengesetzes zu verdanken hat, und obwohl sie der direkten Steuerform, die ich in dieser Arbeit besonders empfehlen will, in allen praktischen und theoretischen Beziehungen (steuertechnisch und steuertheoretisch) unterlegen ist. Insbesondere würde ich aber dort, wo aus irgendwelchen Gründen eine direkte Wertzuwachssteuer etwa ausgeschlossen sein sollte, entschieden für eine indirekte Wertzuwachssteuer eintreten.

Halberstadt, im Oktober 1910.

H. Weissenborn.

Inhaltsübersicht.

Verzeichnis der Literatur-Abkürzungen.

Adickes = F Adickes, Studien uber die Weiterentwicklung des Gemeindesteuerwesens, Tubingen 1894.

Altenrath = Altenrath, Die Wertzuwachssteuer nach ihrem Grunde und Zwecke, Preuß Verw -Bl, Jahrg. XXX, S 214 ff

Boldt = Dr jur Boldt, Die Wertzuwachssteuer, 3 Aufl, Dortmund 1909

Bredt = Joh Victor Bredt, Der Wertzuwachs an Grundstücken und seine Besteuerung in Preußen, Berlin 1907.

Damaschke, Kampf = Adolf Damaschke, Zum Kampfe um die Reichszuwachssteuer, Berlin 1910.

Diefke = Max Diefke, Die Wertzuwachssteuer, Berlin 1908

Diehl = Karl Diehl, Neuere Streitfragen der Bodenreform, in Conrads Jahrbuchern, III Folge, 36 Bd, S 721 ff.

v. Frankenberg = v Frankenberg, Die Wertzuwachssteuer, Hirths Annalen 1906, S 721 ff

Kumpmann = Kumpmann, Die Wertzuwachssteuer, Tubingen 1907

Pabst = Pabst, Die Besteuerung des unverdienten Wertzuwachses von Grund und Boden (Konjunkturgewinnsteuer), in Conrads Jahrbuchern, III Folge, 25 Bd, S 350 ff

Stier-Somlo = Stier-Somlo, Grundsatzliches und Tatsachliches zur Wertzuwachssteuer Conrads Jahrbücher, III Folge, 37. Bd, S 1 ff

Strutz = Dr jur Strutz, Betrachtungen zur Reichszuwachssteuer, Berlin 1910

Wagner = Adolf Wagner, Finanzwissenschaft, 2 Teil, 2 Aufl, Leipzig 1890.

Weber (Adolf) = Dr jur et phil Adolf Weber, Über Bodenrente und Bodenspekulation in der modernen Stadt, Leipzig 1904

Weber, Referat = Senator Dr Weber, Der Hannoversche Stadtetag und die Reichswertzuwachssteuer, Hannover 1910

Einleitung.

Die Literatur über die Wertzuwachssteuer nimmt nicht nur durch den Umfang, den sie in wenigen Jahren erlangt hat, eine Sonderstellung ein, sondern auch wegen der Verschiedenartigkeit in der Aufgabestellung und wegen der Art ihrer Lösung. Hier stehen sich nicht nur Bücher mit praktischen Zielen und solche mit rein theoretischen Erörterungen, nicht nur solche mit objektiver Beurteilung des Problems und solche mit einer durch Partei- und Interessenstandpunkt getrübten Kritik gegenüber, sondern es finden sich hier auch vielfach solche Bücher, die eine umfassende — wenn auch knapp gehaltene — Erörterung der ganzen Frage der Wertzuwachssteuer geben wollen, tatsächlich aber nur eine oder einige der zugehörigen Nebenfragen in den Vordergrund schieben. So findet sich bald die Abwälzbarkeit der Steuer, bald die Natur der Bodenrente oder das Wesen der Bodenspekulation, bald die kommunale Wohnungspolitik als Hauptgegenstand der zahlreichen Monographien.

Diese weitgehende literarische Arbeitsteilung ist m. E. verfrüht. Sie könnte erst dann zur Lösung des Problems, zur eigentlichen zumal für die Praxis der Gesetzgebung sehr erwünschten Klärung beitragen, wenn über die systematische Grundlage der Wertzuwachsbesteuerung Einigkeit oder wenigstens Klarheit uber die Abweichungen der Meinungen bestände [1]). Das ist aber nicht der Fall. Insbesondere setzen verschiedene, mehr wissenschaftlich geschriebene Bücher die Anerkennung einer „allgemeinen Steuerlehre" voraus, die weder unbestritten ist noch in dem Maße als bekannt vorausgesetzt werden kann, wie es geschieht. — Da nun die Frage der Wertzuwachsbesteuerung heute die allerweitesten Kreise, die man sich denken kann, d. h. die Mitglieder der gesetzgebenden Körperschaften in Stadt und Land, in Staat und Reich, Grundbesitzer, Grundstückshändler, Bauunternehmer

[1]) In dieser Beziehung haben sich neuerdings besonders Diehl, Stier-Somlo und Altenrath verdient gemacht

und die Mieter berührt, so hätte schon die bisherige Literatur mehr zur Klärung der Meinungen und zur Möglichkeit einer wirklich objektiven Urteilsbildung beitragen müssen. Sie hätte dann aber den Grundgedanken der Wertzuwachssteuer kritischer und deutlicher herausholen und in einen leicht verständlichen Zusammenhang mit einem gewissen Mindestmaß allgemeiner steuertheoretischer Kenntnisse bringen müssen. Daran fehlt es aber. Auch der Verfasser, dem die Theorie und Praxis der Finanzwissenschaft seit Jahren nicht so ganz fremd ist, hat bei der Wertzuwachsliteratur häufig ein gewisses Gefühl der Unsicherheit empfunden. Dieser Unsicherheit lag der Gedanke zugrunde, daß gegenüber einer als unrichtig empfundenen Deduktion doch der zunachst liegende Einwand vielleicht deshalb nicht gemacht werden dürfe, weil jene Deduktion vielleicht ganz richtig war unter Berücksichtigung des nun aber nicht näher erörterten Grundgedankens von Steuerzweck und Steuerprinzipien, die jener Schriftsteller etwa hatte. Der beabsichtigte Einwand gegen die falsch erscheinende Deduktion müßte dann als solcher verfehlt sein und durch einen Streit über die erwähnten — aber unbekannt bleibenden — Grundfragen ersetzt werden.

Zu einem Teile sind es diese Erwägungen gewesen, die den Plan der vorliegenden Arbeit bestimmt haben. Sie machten es erforderlich, dem Hauptteil eine Art steuertheoretischen Glaubensbekenntnisses vorauszuschicken. Diese steuertheoretischen Grundzüge sind meist ohne eigene nähere Begründung ihrer Richtigkeit dargestellt worden und in tunlichster Beschränkung auf diejenigen Grundgedanken, die für eine Beurteilung der Wertzuwachssteuer von Bedeutung sind. Dieser erste Abschnitt soll zugleich solchen Lesern eine selbständige Beurteilung des Wertzuwachssteuerproblems ermöglichen, denen dieses Gebiet theoretischen Wissens bisher nicht vertraut war. Aber auch der finanzwissenschaftlich gebildete Leser muß zu diesen Grundfragen Stellung nehmen. Je nachdem, ob er abweicht oder sich anschließt, wird er den weiteren Erörterungen zustimmend oder ablehnend gegenüberstehen; es sei denn, daß er in den Erörterungen des Hauptteiles einen Widerspruch zu der vorausgeschickten Grundauffassung herausfinde.

Zum andern Teile ist der Plan der Arbeit gestaltet worden durch die Absicht, die beiden Hauptformen, mittels deren die

Besteuerung des Wertzuwachses möglich ist, d. h. die indirekte Wertzuwachs-Umsatzsteuer und die direkte Wertzuwachs-Grundsteuer, kritisch vergleichend gegenüberzustellen.

Demgemäß wird im zweiten Abschnitt zunächst der Grundgedanke der Besteuerung nach dem Wertzuwachs überhaupt untersucht. Im dritten Abschnitt wird dann geprüft, inwieweit die indirekte Wertzuwachssteuer den vorangestellten theoretischen Forderungen entspricht, während der vierte Abschnitt die gleichen Untersuchungen für die direkte Steuerform der Wertzuwachsbesteuerung enthält. In beiden Abschnitten ist das Hauptgewicht auf die Prinzipien einer gerechten Steuerverteilung gelegt worden, und die anderen sog. Steuerprinzipien sind in einer knapperen Zusammenfassung am Schlusse des vierten Abschnittes behandelt worden.

Die beiden Schlußabschnitte sind zwei Spezialfragen gewidmet. Die erste von ihnen lautet: „Wem gehört die Steuer, dem Reich, dem Staat oder den Gemeinden?“, die zweite: „Wie soll der Berechtigte den Steuerertrag verwenden?“ Zumal die erstere dieser beiden Fragen darf im Hinblick auf den Entwurf eines Reichs-Wertzuwachssteuergesetzes zurzeit besonderes Interesse beanspruchen.

I. Die zur Beurteilung der Wertzuwachssteuer in Betracht kommenden Grundzüge der allgemeinen Steuerlehre.

Eine Betrachtung der Grundzüge der allgemeinen Steuerlehre kann keinen anderen Ausgangspunkt als den Begriff der Steuer überhaupt haben. Steuern sind die von einem öffentlichen Verbande kraft seiner Finanzhoheit erhobenen Zwangsabgaben zur dauernden Deckung seines ordentlichen Finanzbedarfes.

Den Grund der Steuer und des Besteuerungsrechtes erblickt die herrschende Lehre in der anerkannten, absoluten Notwendigkeit des Staates oder des sonstigen die Steuer fordernden öffentlichen Verbandes und seiner Zwecke.

Der Zweck, welcher der Steuer in der eingangs wiedergegebenen Definition zugewiesen wird, stellt sich als ein rein finanzieller dar. Bestritten ist es, ob die Steuer neben diesem finanziellen Zweck der Deckung des Finanzbedarfes noch einen sogenannten sozialpolitischen Zweck habe oder doch haben könne, nämlich den Zweck, regulierend in die Verteilung des Volkseinkommens und Volksvermögens einzugreifen. Welche Meinung in dieser Frage als die herrschende anzusehen sei, will ich dahingestellt lassen. Es ist aber sicherlich irreführend, wenn Brunhuber (S. 10) behauptet, die rein finanzielle Steuertheorie habe fast allerorts vor der neueren Auffassung des sozialpolitischen Steuersystems weichen müssen [1]. Auch darf nicht angenommen werden, daß die Verfechter des rein finanziellen Steuerzweckes jede sozialpolitische Einwirkung der Steuer auf die Einkommensverteilung als unerwünscht oder bedenklich betrachten. Vielmehr wird eine derartige sozialpolitische Wirkung meist auch von ihnen gefordert; aber sie wird als notwendige Folge einer konsequenten Verwirklichung des finanziellen Steuerzweckes aufgefaßt, nicht als eine aus einem besonderen sozialpolitischen Zweck sich ergebende Forderung.

Zweck und Rahmen der Arbeit verbieten es, auf diese schwierige Streitfrage näher einzugehen. Vielmehr muß eine knappe Präzisierung der eigenen Auffassung genügen: Die Steuer hat meines Erachtens nur einen rein finanziellen Zweck, also nur den der Bedarfsdeckung. Die Besteuerung muß aber natürlich so beschaffen sein, daß sie diesen Zweck auch voll erfüllen kann. Da Steuern nun den ordentlichen, durch private Einnahmen und Gebühren nicht gedeckten Bedarf voll und dauernd decken sollen, so müssen sie auch so eingerichtet werden, daß sie die Quellen, aus denen sie fließen, nicht erschöpfen, sondern sie — wegen des ständig und schnell steigenden Bedarfes — wenn möglich allmählich noch ergiebiger machen. Wer nun — auf sozialpolitischem Boden stehend — einen regulierenden Eingriff in die gegenwärtige Einkommensverteilung an sich zur Förderung des Wirtschaftslebens für notwendig hält, der wird anzunehmen haben, daß ein derartiger

[1] Für den besonderen sozialpolitischen Steuerzweck ist besonders Adolf Wagner eingetreten. Ihm gegenüber sind Helferich, Schäffle, Vocke, G. Cohn, Eheberg und Lotz bei der Ablehnung des sozialpolitischen Steuerzweckes bis in die neueste Zeit stehen geblieben. Vgl. Schönberg, Finanzwissenschaft, IV. Aufl. 1897, S. 154, Eheberg, V. Aufl., S. 120, Fuisting, Die direkten Steuern, Bd. IV.

Eingriff, soweit er mittels einer Steuer ausgeübt werden kann, auch auf die Ergiebigkeit der Steuerquellen günstig einwirkt. Er wird daher insoweit auch sozialpolitische Wirkungen der Steuern fordern, aber nicht zu dem Zwecke, um die gegenwärtige Kapitals- und Einkommensverteilung im sozialpolitischen Sinne zu verbessern, sondern nur deshalb, weil die so verbesserte ökonomische Struktur des Wirtschaftslebens die Steuerquellen reicher fließen läßt. — Die Steuer hat daher neben dem rein finanziellen keinen selbständigen sozialpolitischen Zweck, sondern der — alleinige — finanzielle Zweck macht es nur unter Umständen erforderlich, daß die Steuer auch solche Wirkungen äußert, die als sozialpolitische bezeichnet werden.

Die Anerkennung eines besonderen sozialpolitischen Steuerzweckes würde auch gegen die sogenannten finanzpolitischen — von Wagner sogar als wichtigste an die Spitze gestellten — Prinzipien der „Ausreichendheit“ und „Beweglichkeit“ verstoßen. Denn es wird häufig vorkommen, daß der Ertrag einer Steuer aus finanzpolitischen Gründen steigen soll, während ihr sozialpolitischer Zweck ein Sinken der Steuersätze erwünscht erscheinen läßt. Wenn nun ein sozialpolitischer Steuerzweck gleichberechtigt neben dem Finanzzweck stände, so müßte es zweifelhaft sein, ob die Steuer wegen des ersteren Zweckes zu erhöhen oder wegen des letzteren Zweckes zu ermäßigen wäre. Und ferner, wenn z. B. eine bestimmte sozialpolitische Einwirkung einer Steuer einmal nicht mehr notwendig ist, etwa weil derselbe Erfolg durch Änderung der Rechtsordnung oder auf gewerbepolizeilichem Wege oder durch Ausbau des Versicherungswesens erreicht ist, so ist mit dem Fortfall der Notwendigkeit dieser sozialpolitischen Steuerwirkung so lange kein Grund für Beseitigung der Steuer gegeben, als sie durch den rein finanziellen Steuerzweck noch gerechtfertigt ist. Umgekehrt liegt nicht schon darin ein Grund zur Einführung einer Steuer, daß die gegenwärtige Einkommensverteilung in einem bestimmten Punkte — für eine sozialpolitische Auffassung, aber nur für sie — verbesserungsbedürftig erscheint; wenigstens so lange nicht, als der Bedarf mittels des vorhandenen, steuertheoretisch einwandfreien Steuersystems voll gedeckt wird [1]).

---

[1]) Wagner (S 219) sagt, die rein finanzielle Begrundung ubersehe, daß die Steuer eine okonomische Erscheinung sei. Aber die Steuer braucht doch jedenfalls nicht schon deshalb, weil sie auch eine okonomische Er-

Abgesehen hiervon rechtfertigen sich manche sozialpolitische Steuerwirkungen, z. B. die stärkere Besteuerung der großen und der fundierten Einkommen, schon aus Gründen einer gerechten Steuerverteilung, also wiederum ohne daß es der Aufstellung eines besonderen sozialpolitischen Steuerzweckes bedarf.

Es sei aber nochmals ausdrücklich hervorgehoben, daß die Ablehnung eines besonderen sozialpolitischen Steuerzweckes in keiner Weise eine Stellungnahme gegenüber der heutigen Einkommensverteilung oder der heutigen auf Privatkapital und Privateigentum begründeten Wirtschaftsordnung in sich schließt.

Aus Begriff und Zweck der Steuer hat die Finanzwissenschaft für die Einrichtung der Besteuerung sogenannte „oberste Grundsätze" aufgestellt, welche in der Praxis zu Forderungen der Steuerpolitik und der Steuertechnik werden. Je nach der Formulierung des Steuerbegriffes, und insbesondere je nachdem, ob neben dem rein finanziellen Steuerzweck ein besonderer sozialpolitischer Zweck anerkannt wird, zeigen die obersten Besteuerungsgrundsätze gewisse Abweichungen. Auf diese vollständig einzugehen, fehlt es an Raum. Sie werden aber kurz berücksichtigt werden, soweit sie das Thema näher berühren.

Diese obersten Grundsätze oder Steuerprinzipien sind zugleich die gegebenen und zuverlässigen Prüfsteine für den Wert oder Unwert einer Steuer.

Man unterscheidet 1. finanzpolitische, 2. volkswirtschaftliche Steuerprinzipien, 3. Prinzipien der Gerechtigkeit oder gerechten Steuerverteilung, 4. Prinzipien der Steuerverwaltung.

Die finanzpolitischen Prinzipen der „Ausreichendheit" und „Beweglichkeit" der Besteuerung sind mit Recht als die fundamentalste Forderung vorangestellt. Die Steuern müssen eben unbedingt den vollen Bedarf decken, aber andererseits auch nicht mehr.

---

scheinung ist, noch eine besondere Begründung. Für ihre Rechtfertigung als ökonomischer Vorgang der Wertübertragung genügt die Feststellung, daß die Gesamtheit der öffentlichen Leistungen ein generelles Entgelt für die in der Steuerleistung liegende Wertübertragung darstellt. Was Wagner (S. 220) an besonderer Begründung der Steuer als einer ökonomischen Erscheinung gibt, nämlich die „hinlängliche Produktivität der Arbeit", ist nichts als die Konstatierung einer wirtschaftsentwicklungsgeschichtlichen Voraussetzung für die Möglichkeit einer Besteuerung überhaupt. Diese Konstatierung hat für die rein finanzielle „Begründung" der Steuer ganz den gleichen Wert.

Die von Wagner und anderen als die volkswirtschaftlichen bezeichneten Steuerprinzipien betreffen die Frage nach der Wahl der richtigen volkswirtschaftlichen Steuerquellen (Volksvermögen und -einkommen, Einzelvermögen und -einkommen) und die Auswahl der einzelnen Steuerarten im Hinblick auf ihre volkswirtschaftlichen Wirkungen, insbesondere auf die Möglichkeit der Überwälzung.

Da weder die finanzpolitischen noch die volkswirtschaftlichen Steuerprinzipien für den allgemeinen Grundgedanken der Wertzuwachssteuer Besonderheiten bieten, so kann ihre weitere Besprechung unten zugleich in Verbindung mit der Frage erfolgen, ob die direkte oder die indirekte Wertzuwachssteuer diesen Prinzipien besser gerecht wird.

Dagegen bedürfen die Prinzipien der Steuergerechtigkeit noch einer näheren Erörterung. Allerdings kann auch hier des Raumes wegen auf den in diesem Punkte ganz besonders auseinandergehenden Streit der Meinungen nur in knappster Form eingegangen werden.

Einigkeit herrscht im allgemeinen nur darüber, daß die beiden Haupterfordernisse einer „gerechten" Besteuerung in der „Allgemeinheit" und in der „verhältnismäßigen Gleichheit" zu sehen seien. Dagegen ist es schon bestritten, was im einzelnen mit dem Grundsatz der „Allgemeinheit" der Steuer gefordert werde, und noch mehr, was „gleichmäßige" Besteuerung sei.

Das Urteil über den Gerechtigkeitsbegriff folgt naturgemäß — örtlich und zeitlich — dem Wechsel in den Anschauungen der jeweiligen Kultur- und Rechtsperiode. Ferner wird, wie z. B. Wagner richtig hervorhebt, das Urteil über das, was gerechte Besteuerung sei, wesentlich bedingt von der Beurteilung der bestehenden Einkommens- und Vermögensverteilung, wie sie sich unter dem geltenden Rechte der freien Konkurrenz im privatwirtschaftlichen System gestaltet. Wer diese Verteilung für allein richtig und gerecht ansieht, für den ergibt sich hinsichtlich der Besteuerung die Konsequenz, daß sie an dieser Verteilung möglichst nichts ändern solle, daß in den Relationen der individuellen Einkommens- und Vermögensverhältnisse zueinander möglichst nichts verschoben wird. Wagner zieht hieraus — für die Frage der Allgemeinheit — die Folgerung, daß jeder Staatsangehörige steuerpflichtig sei ohne Steuerfreiheit eines Existenzminimums, — für die Frage der Gleichmäßigkeit — daß reine Proportionalbesteuerung unter Ablehnung jeder Progression gerecht sei. Insbesondere müsse von dieser Auffassung aus auch das Arbeits- und das Renteneinkommen gleich hoch besteuert und das einzelwirtschaftliche Vermögen und Kapital geschont, daher nur das Einzeleinkommen besteuert werden. Nur derjenige, der die Einkommensverteilung für verbesserungsbedürftig halte, und die Steuer für ein geeignetes Mittel ansehe, diese Verbesserung zu bewirken, nur der komme zu einer anderen — und zwar zu der für die heutige Zeit richtigen — Auslegung der Begriffe „allgemein" und „gleichmäßig". Es müsse eben auch für die Frage der gerechten Steuerverteilung der sozialpolitische Standpunkt anerkannt werden. „Gerecht" habe in der sozialpolitischen Periode einen anderen Inhalt als in der Zeit der staatsbürgerlichen Freiheit und Gleichheit oder gar in der ständischen Periode.

Soweit Wagner hiermit die Notwendigkeit eines besonderen sozialpolitischen Steuerzweckes behauptet, ist diese Auffassung schon wegen der erfolgten Ablehnung dieses Steuerzweckes zu verwerfen; außerdem aber auch deshalb, weil man für die Auslegung der Begriffe „allgemein" und „gleichmäßig" im Ergebnis fast zu denselben Sätzen gelangt, wenn man den sozialpolitischen Steuerzweck nur als sekundären d. h. dem rein finanziellen Steuerzweck dienenden Nebenzweck auffaßt.

Nach der herrschenden Auffassung fordert das Steuerprinzip der Allgemeinheit, daß alle Staatsbürger und alle Einkommensquellen besteuert werden. Damit ist jedoch nicht gesagt, daß jede einzelne Steuer alle jene Steuersubjekte und -objekte treffen muß; vielmehr kann dies nur von dem gesamten Steuersystem gefordert werden, d. h. es muß jedes der Steuersubjekte und -objekte mindestens durch eine der das System bildenden Steuern getroffen werden. Dabei ist ferner zu beachten, daß heute mehrere öffentliche Verbände nebeneinander als Steuergläubiger auftreten, insbesondere Reich, Staat und Gemeinden, daß die Verbände, wie sie ihre verschiedenen Aufgabenkreise haben, auch verschiedene Steuersubjekte und -objekte in Anspruch nehmen, und daß der einzelne Verband — aus mancherlei allgemein staatsrechtlichen und speziell steuerpolitischen Gründen — manches Steuerobjekt oder -subjekt einem anderen Verbande zur Besteuerung überlassen muß. Für die Durchführung einer „allgemeinen" Besteuerung genügt es, wenn wenigstens einer der mehreren Verbände eine Besteuerung vornimmt.

Als eine besondere Folge des Postulates der Allgemeinheit der Steuer ergibt sich die Verhinderung oder Aufhebung aller sogenannten Steuerfreiheiten. Solche Steuerfreiheiten kommen in doppelter Weise vor. Entweder in der Weise, daß einzelne Vorgänge oder Personen an sich der in einem Steuergesetz generell aufgestellten Steuerpflicht unterliegen würden, wenn sie nicht durch ausdrückliche Vorschrift davon befreit wären, oder in der Weise, daß einzelne Vorgänge oder Personen von vornherein nicht unter die generell aufgestellte Steuerpflicht fallen, weil mangelhafte Fassung der gesetzlichen Vorschriften oder steuertechnische Schwierigkeiten bei der Formulierung der Steuerpflicht sie aus deren Rahmen hinausfallen lassen, obwohl der mit dem Gesetz erstrebte Grundgedanke die Besteuerung gefordert hätte. — Letzteres werden wir besonders bei der indirekten Wertzuwachssteuer finden. (Vgl. u. S. 50 ff.)

Innerhalb des Grundsatzes der Allgemeinheit der Besteuerung würde auch die Frage nach der Freilassung des sogenannten Existenzminimums zu erörtern sein, d. h. die Frage, ob Personen mit geringem Einkommen oder Objekte von geringem Werte von der Steuer frei zu lassen sind. Bei den heutigen Steuersystemen mit ihren zahlreichen Verbrauchssteuern auf notwendige Lebens- und verbreitete Genußmittel hat diese Frage eine praktische Bedeutung nur noch in dem Sinne, ob grundsätzlich etwa bei allen Steuerarten, insbesondere nicht nur bei der Einkommensteuer, sondern auch bei den Ertragssteuern, z. B. der direkten Wertzuwachssteuer, und bei den sogenannten Verkehrssteuern, z. B. der indirekten Wertzuwachs-Umsatzsteuer, kleine Steuerobjekte freibleiben sollen. Auch diese Frage wird erst unten bei Besprechung der beiden Wertzuwachssteuerformen näher zu erörtern sein. Es wird sich alsdann zeigen, daß auch bei dieser Frage der sozialpolitische Standpunkt nicht von entscheidender Bedeutung ist. Erwähnt sei nur, daß hierbei auch Erwägungen der Steuerverwaltung in Betracht kommen, insbesondere die Frage der Rentabilität, d. h. die Höhe der Veranlagungs- und Erhebungskosten, so daß vielfach die ganz niedrigen Einkommen und Erträge schon deshalb steuerfrei gelassen werden, weil die Erhebungskosten höher sein würden als der Bruttoertrag der Steuer. Damit würde die Steuer — wenigstens vom rein finanziellen Standpunkt aus — jede Berechtigung verlieren. Dieser Gesichtspunkt kann auch für die Wertzuwachssteuer, zumal für die Reichszuwachssteuer Bedeutung gewinnen. (Vgl. u. S. 134.)

Für die Verwirklichung der Gleichmäßigkeit der Steuerverteilung sind — fast ohne abweichende Meinung — zwei Prinzipien aufgestellt: erstens die Besteuerung nach der wirtschaftlichen Leistungsfähigkeit, nach der Steuerfähigkeit, zweitens die Besteuerung nach dem Interesse, nach dem Vorteil, nach dem Verhältnis von Leistung und Gegenleistung.

Die Besteuerung nach der Leistungsfähigkeit, die sog. Opfertheorie, rechtfertigt sich aus dem Rechtsgrund der Steuer. Dieser liegt, wie wir sahen, in der absoluten Notwendigkeit des Staates und dem Verhältnis der Besteuerten zu ihm. Demnach erscheint die Besteuerung nicht als Gegenleistung, sondern einfach als eine notwendige Pflicht des Gliedes, die Existenz des Ganzen zu ermöglichen. Eine Pflicht oder Last, die sich auf mehrere verteilt kann aber nur dann als gleichmäßig verteilt betrachtet werden, wenn die Last von allen gleich schwer empfunden wird, das heißt, so weit es sich um Geldleistungen handelt, wenn die Leistung des einzelnen von ihm als ein im Verhältnis zu den Leistungen der anderen gleiches wirtschaftliches Opfer empfunden wird. Damit bietet sich dann als Maßstab der Steuerverteilung der Gesamtbesitz an wirtschaftlichen Gütern, das heißt die wirtschaftliche Leistungsfähigkeit (staatswirtschaftliches Steuerprinzip, Opfertheorie).

Demgegenüber die Interessentheorie. Auch sie läßt sich aus dem Rechtsgrund der Steuer rechtfertigen, indem die Steuer begründet wird durch die Notwendigkeit des Staates und seiner Zwecke. Der die Steuer empfangende Staat leistet für diese Zahlung an ihn etwas. Von diesen Leistungen, die in Erfüllung der Staatszwecke erfolgen, haben die Besteuerten gewisse Vorteile (Genußtheorie), oder auch die Besteuerten verursachen dem Staat als dessen Glieder Kosten, die sie, als in ihrem Interesse, zum Schutze ihrer Person und ihres Eigentums gemacht, in dem Verhältnis, in dem sie von ihnen verursacht sind, wieder ersetzen müssen (Äquivalenztheorie).

Es darf für die heutige Finanzwissenschaft als feststehend angesehen werden, daß die Interessentheorie für das Steuerwesen von Reich und Staat an Bedeutung hinter der Opfertheorie zurückzustehen hat. Dies gilt jedoch nicht für das Gemeindesteuerrecht. Der Grund hierfür liegt allgemein darin, daß die Voraussetzung für eine Besteuerung nach dem Interesse, nämlich die ungefähre Feststellbarkeit besonderer Vorteile oder Lasten hinsichtlich bestimmter Klassen von Steuerpflichtigen in Reich, Staat und Gemeinde in ganz verschiedenem Umfange gegeben ist.

In einem anderen Sinne freilich hat wieder die Interessentheorie den Vorrang zu beanspruchen, indem mit den nach einem entgeltlichem Maßstabe erhobenen Steuern vorab derjenige Teil des Bedarfes zu decken ist, für dessen Verwendung besondere Interessenbeziehungen feststellbar sind, so daß nur der verbleibende Teil des Bedarfes nach dem Maßstabe der Leistungsfähigkeit zu verteilen ist. Dieser Gesichtspunkt hat vor allem im Preußischen Kommunalabgabengesetz Anerkennung gefunden. Mit vollem Rechte, weil im kleineren Verbande wegen der größeren Nähe der Beziehungen und der größeren Gleichheit der Verhältnisse eines kleineren Gebietes und ferner wegen der Art des den Gemeinden zugewiesenen Aufgabenkreises das Kausalitätsverhältnis zwischen der Leistung der Gemeinden und den Vorteilen einzelner Klassen der Gemeindeangehörigen deutlicher feststellbar ist und tatsächlich auch deutlicher empfunden wird.

Schon nach dem bisher Gesagten wird es erklärlich erscheinen, daß für die Verwirklichung der „Gleichmäßigkeit" jene zwei Arten von Besteuerungsmaßstäben, derjenige der Opfertheorie und derjenige der Interessentheorie, unterschieden werden. Denn ebenso ungerecht, wie es empfunden würde, wenn diejenigen öffentlichen Aufwendungen, die deutlich wahrnehmbare, wenn auch nicht zahlenmäßig feststellbare besondere Vorteile für einzelne Klassen zur Folge haben, nach dem Opferprinzip von allen Staatsangehörigen getragen werden müßten, ebenso unbefriedigend, ja unmöglich würde es sein, bei allen Aufwendungen des Staates, auch bei denjenigen für die Friedensbewahrung nach außen und innen und für den Schutz des Lebens zu untersuchen und zu behaupten, daß auch von solchen Ausgaben einzelne Klassen besondere Vorteile hätten. Man würde sonst nicht auskommen ohne Hypothesen wie diejenige, daß das Leben des Reichen oder desjenigen, der zahlreiche Familienangehörige zu erhalten hat, oder des Zwanzig- oder Dreißigjährigen wertvoller und schutzbedürftiger sei als das des Armen, Alleinstehenden oder als das Leben eines Kindes oder eines Greises.

Reicht aber hiernach jeder der beiden Maßstäbe für sich allein nicht aus, so kann es sich nur darum handeln, festzustellen, welcher Teil des Bedarfes nach dem Interesse, welcher nach der Leistungsfähigkeit aufzubringen ist, und wo die Grenze liegt. Mit anderen Worten, welches Maß von Deutlichkeit oder gar von Zahlenmäßigkeit in den Beziehungen von Leistung und Gegenleistung soll man verlangen, um noch das Interessenprinzip anwenden zu können? Generell und erschöpfend ist diese Frage aber hier nicht zu beantworten. Sie kann auch nur für bestimmte Aufwendungen der öffentlichen Verbände in Verbindung mit bestimmten Besteuerungsobjekten, an denen das Entgelt für die öffentlichen Leistungen gemessen werden soll, gelöst werden.

Neben der Feststellung dieser Grenze — zwischen Besteuerung nach der Leistungsfähigkeit und nach dem Interesse — bleibt sodann noch die Frage offen, wo die Interessenbeziehungen so deutlich werden, daß nicht mehr die „Steuer“ zur Deckung des Bedarfes heranzuziehen ist, sondern die dem privatwirtschaftlichen „Preise“ noch näher stehenden Arten der Abgaben, die „Gebühren“ und „Beiträge“ (Bettermentabgabe), als die geeignetsten Formen des öffentliches Entgeltes erscheinen. Auch hier aber ist eine generelle Antwort nicht möglich. Auf die besonders wichtige Frage, inwieweit eine Wertzuwachssteuer durch Beiträge ersetzt werden könne, wird noch zurückzukommen sein. (Vgl. noch Wagner, S. 190.)

Die Grenze für die Anwendbarkeit der Opfertheorie oder der Interessentheorie ist natürlich dann am schwierigsten zu ziehen, wenn die — bestimmten Klassen von Steuerpflichtigen zufallenden — Vorteile zu einem Teile auf Ursachen zurückgehen, denen keine besonderen Aufwendungen des Staates oder der Gemeinden entsprechen, die zu einem anderen Teile dagegen durch solche Aufwendungen hervorgerufen, und die endlich zu einem letzten Teile durch eigne (persönliche) Leistungen und Aufwendungen, z. B. von Kapital, geschaffen sind. Bei diesen Arten des Erwerbes, die sehr zahlreich sind, ist es praktisch meist völlig ausgeschlossen, festzustellen, wie sich der gesamte Vorteil, der als „Gewinn“ in die Erscheinung tritt, auf diese drei Ursachen verteilt. Es wäre jedoch, soweit die Interessentheorie Anwendung finden soll, notwendig, festzustellen, inwieweit die öffentlichen Aufwendungen an dem Gesamtergebnis mitgewirkt haben. Eine solche Zerlegung des „Gewinnes“ ist seine drei Teile ist vorzugsweise auch deshalb schwierig, weil keine Einigkeit darüber besteht, wie weit der Begriff der eigenen, wertschaffenden Leistung, der „Arbeit“ im ökonomischen Sinne, zu ziehen ist, welcher Gewinn in diesem Sinne als „verdient”, welcher als „unverdient” anzusehen ist.

Aus diesem Grunde ist auch der Begriff des sogenannten Konjunkturgewinnes [1]) seinem Inhalte nach bestritten. Wagner, der die weitestgehenden Folgerungen für die Besteuerung aus dem Begriff des Konjunkturgewinnes gezogen hat, versteht darunter den „Erwerb durch Anfall oder Wertzuwachs, ganz oder doch wesentlich ohne eigene persönliche wirtschaftliche Leistung des Erwerbers“. Er meint unterscheiden zu können zwischen demjenigen „Erwerb einer Einzelwirtschaft (bzw. ihres Rechts- und Wirtschaftssubjektes), welcher auf bestimmte, doch wenigstens mehr oder weniger als „Arbeitsleistungen“ zu qualifizierende Tätigkeiten dieser Wirtschaft, mit einem bewußt erstrebten wirtschaftlichen Ergebnis, zurückzuführen ist, und demjenigen Erwerb, welcher ihr ganz oder jedenfalls größtenteils unabhängig hiervon durch allgemeine Ursachen oder Vorgänge nach der Gestalltung der allgemeinen wirtschaftlichen Rechtsordnung, namentlich der Eigentums- und Erbrechtsordnung, zufällt“. Als Beispiele für den positiven Inhalt des in dieser Weise negativ formulierten Begriffes führt Wagner (S. 573) an die Ausbeutung der Konjunktur (Konjunkturgewinn im engeren Sinne), insbesondere der Konjunktur auf dem Grundstücksmarkt, Spiel, Lotteriegewinn, Erbgang und Schenkung. Dabei bleibt freilich die — zumal für die Wertzuwachssteuer besonders wichtige Frage offen, unter welchen Umständen und in welchem Umfange die zur „Ausbeutung“ doch immerhin erforderliche Tätigkeit eine eigene Arbeitsleistung darstellt und als „ökonomisches Verdienen“ (Wagner, S. 325) anzusehen ist. Bedenklich ist der Wagnersche Standpunkt, daß selbst der absichtlich — spekulativ — erstrebte Gewinn, zu dessen Realisierung eine besondere Handlung (Kauf

---

[1]) „Gewinn“ umfaßt hier sowohl den Wertzuwachs wie den Ertragszuwachs, d. h. denjenigen Teil des Ertrages, der nicht auf ökonomisches Verdienen zurückzuführen ist.

eines voraussichtlich im Werte steigenden Grundstückes und Verkauf des wirklich im Preise gestiegenen) notwendig ist, den Charakter des Konjunkturgewinnes nicht wesentlich ändern soll. Denn seine zur Begründung aufgestellte Behauptung, „in allen diesen Fällen sei das eigene Wollen und Tun des Erwerbers im Unterschied vom berufsmäßigen und vom Erwerb durch einzelne Akte, meistens gar nicht, jedenfalls in ganz sekundärer Hinsicht das kausale Moment des Erwerbes, höchstens und auch nicht notwendig und nur selten das begleitende", bedarf ihrerseits auch noch erst der Begründung. Diese ist besonders erforderlich gegenüber dem naheliegenden Hinweis darauf, daß z. B. im Warengroßhandel die eigentlich den Gewinn schaffende Tätigkeit auch nur im billigen Einkauf und teuren Verkauf unter sorgfältiger Verwendung aller wißbaren Umstände über die voraussichtliche Konjunkturentwickelung besteht, also in der „Spekulation". Allerdings pflegt die Gewinnerzielung im Großhandel noch eine Reihe weiterer Einzeltätigkeiten neben dem reinen Einkaufs- und Verkaufsgeschäft zu erfordern. Für die sogenannte Grundstücksspekulation gilt aber im allgemeinen das gleiche. Es ist mindestens ein besonders geschickter Einkauf und ein ebensolcher Verkauf erforderlich. Und darin liegt dann eben auch eine Arbeitsleistung, die freilich bald größer, bald geringer ist [1]). Hier ist insbesondere Bredt beizutreten, wenn er sagt: „Auch der starkste Handwerker, der fleißigste Bureauschreiber können ein Kapital nicht richtig leiten, wenn sie nicht außerdem die entsprechenden Fähigkeiten besitzen. Warum nun aber ein mit Muskelkraft gemachter Gewinn verdient, ein mit geistigen Fähigkeiten gemachter unverdient sein soll, ist nicht recht einzusehen."

Aus dem Gesagten dürfte jedenfalls so viel hervorgehen, daß die Grenze zwischen ökonomischem Verdienen und dem eigentlichen Zufallserwerb durchaus unbestimmt und flüssig ist [2]), und daß sie keinesfalls generell, aber auch im Einzelfall nur sehr schwer festgestellt werden kann.

---

[1]) Vgl darüber G Cohn, Finanzwissenschaft, S 463; Diefke, S. 10 bis 12, zum Teil auch Diehl, S 748 ff. und besonders Bredt, S. 74.

[2]) Für die Anhänger eines sozialpolitischen Steuerzweckes bliebe hier weiter zu untersuchen, ob ein Spekulieren, soweit es für die Einzelwirtschaft etwa als ökonomisches Verdienen anerkannt werden muß, auch vom volkswirtschaftlichen Standpunkt aus für das Ganze vorteilhaft oder aber schädlich und — durch die Steuer — zu bekämpfen sei.

Aber selbst angenommen, diese Feststellung sei möglich, so daß bei einem sogenannten Konjunkturgewinn derjenige Teil ermittelt werden konnte, der auf ökonomisches Verdienen entfällt, so bleibt für den Rest des Gewinnes doch noch die Frage offen, wie dieser sich einerseits auf die reine Konjunktur und andererseits auf solche Aufwendungen der öffentlichen Verbände verteilt, für die ein Verhältnis von Leistung und Gegenleistung — annähernd — feststellbar ist. Denn grundsätzlich ist nur wegen dieses letzteren Teiles des erzielten Gewinnes die Interessentheorie am Platze, wobei jedoch ein zahlenmäßiges Verhältnis zwischen der öffentlichen Aufwendung und dem durch sie geschaffenen Gewinnteil (wie bei Gebühr und Beitrag) natürlich nicht gefordert wird. Soweit dagegen ein solches Verhältnis nicht festgestellt werden kann und daher eine Besteuerung nach der Interessentheorie nicht gerechtfertigt ist, bleibt noch zu prüfen, welche der beiden Theorien die richtige ist für denjenigen Teil des Gewinnes, der auf die „reine Konjunktur" zurückzuführen ist; vorausgesetzt, daß dieser Teil des Erwerbes überhaupt eine Besteuerung nach einem besonderen Besteuerungsmaßstab rechtfertigt. Für diese Untersuchung würden als „reine Konjunktur" nur diejenigen wirtschaftlichen Vorgänge zu betrachten sein, die — wenngleich ermoglicht durch die vom Staate geschützte Rechts- und Wirtschaftsordnung — sich doch im übrigen als allgemeine, nicht auf irgendwelche direkte (positive) Tätigkeit der öffentlichen Verbande zurückzuführende Umstände darstellen.

Wagner fordert für diese reinen Konjunkturgewinne eine besondere Besteuerung und erblickt die tiefere Begründung für die Berechtigung dieser Forderung in dem Verhältnis des Individuums und der Einzelwirtschaft zur Volkswirtschaft (Wagner, S. 573). Man kann jedoch mit dem Hinweis, der Konjunkturgewinn sei Konsequenz der geltenden Eigentums- und Wirtschaftsordnung, keinen besonderen Grund für dessen Besteuerung aufstellen; denn jeder Erwerb, auch des Einkommens im Sinne der Einkommensbesteuerung, ist eine Konsequenz der Eigentums- und Wirtschaftsordnung. Es findet sich denn auch bei Wagner an anderer Stelle eine zweite Beweisführung, die zugleich auf das dem reinen Konjunkturgewinn vermeintlich angemessene Steuerprinzip hinführt. Und zwar soll es der Grundsatz der Besteuerung nach der Leistungsfähigkeit sein, aus dem eine höhere Besteuerung des Konjunkturgewinnes abzuleiten sei.

Zur Prüfung dieser Behauptung bedarf es eines näheren Eingehens auf die Verwirklichung der Besteuerung nach der Leistungsfähigkeit. Die Leistungsfähigkeit hängt teils von dem gesamten Erwerb und Besitz von Sachgütern, teils von dem Grade der Freiheit in der pflichtmäßigen Verwendung dieser Güter zur Bedürfnisbefriedigung ab. Dies ist unbestritten. Wagner folgert dann aber weiter: in erster Beziehung kommt es „daher“ einmal auf die Arbeitsfähigkeit, die wahrgenommene, mindestens wahrnehmbare Gelegenheit die Arbeit ökonomisch zu verwerten an, auf die Art und Höhe des aus der Arbeit fließenden Einkommens, ... ferner ... auf Art und Höhe des nichtverdienten Erwerbes. Hierin liegt jedoch eine Abweichung von dem auch von Wagner aufgestellten Satze, nach dem nicht die Möglichkeit oder Fähigkeit zu erwerben oder zu besitzen, sondern nur der wirklich vorhandene Erwerb oder Besitz, und auch nicht Besitz sogenannter innerer Güter (Arbeitsfähigkeit usw.), sondern von Sachgütern von Bedeutung sein sollte. Wagner begründet diese Abweichung nicht. Er führt zwar weiter aus: Bei der Würdigung des Einkommens und allen sonstigen Erwerbes einer Person nach der darin liegenden wirtschaftlichen Leistungsfähigkeit kommt es vornehmlich darauf an, das dabei mitspielende Moment persönlicher Arbeitsleistung, daher Art und Maß der letzteren zu berücksichtigen [1]. Ferner sagt er: Unter übrigens gleichen Umständen (der Belastung des Einkommens usw.) stellt derselbe Wertbetrag dieser verschiedenen Einkommens- Erwerbs- und Vermögensbesitzarten eine verschiedene und auch relativ verschiedene wirtschaftliche Leistungsfähigkeit des Besitzers dar, und zwar im allgemeinen in der Weise, daß die Leistungsfähigkeit sinkt und mehr als proportional sinkt mit der Zunahme und steigt und mehr als proportional steigt mit der Abnahme des Arbeitsmomentes.

Diese vier Sätze stellen aber offensichtlich nur Behauptungen dar, die noch zu beweisen sind. Sie sind unseres Erachtens vom Gesichtspunkte der richtig verstandenen Opfertheorie nicht haltbar; denn jede Person kann die Höhe des Opfers, das sie mit

---

[1]) Wagner, S. 444 und derselbe, Zur Rechtfertigung der Zuwachssteuer, 1906, S 5 und 7; ferner Fuisting, Band IV, S. 87.

der Steuerleistung bringt, nur abwägen an der Menge der wirtschaftlichen Güter, die sie wirklich hat, und nicht an denen, die sie unter Umständen haben könnte. Ohne die Unterstellung des Gegenteils kann die Wagnersche Auffassung aber nicht gehalten werden. Denn Wagner wird — um ein Beispiel zu nehmen — mit obigen Sätzen kaum behaupten wollen, daß jemand, der „zufällig“ eine Erfindung gemacht und verkauft hat, und der nun daraus als sein einzigstes Einkommen 10 000 M jährlich bezieht, im Vergleich zu einem Arzte, der das gleiche Einkommen in täglicher zehnstündiger Arbeitszeit verdient, deshalb leistungsfähiger sei, weil er diese seine 10 000 M jährlich so leicht, so ganz ohne Arbeit „verdient“. Oder auch wenn wir an Stelle dieser 10 000 M aus der zufälligen Erfindung 10 000 M jährlich aus „reinen“ Grundstücksspekulationen setzen. Auch dann wird es nicht so gemeint sein, daß des letzteren Leistungsfähigkeit die größere sei, weil diese 10 000 M leichter gewonnen sind als die 10 000 M des Arztes.[1]) Die größere Leistungsfähigkeit kann vielmehr höchstens deshalb angenommen werden, weil vermutet oder erwartet wird, der Erfinder oder der Spekulant könne nunmehr seine reichliche freie Zeit noch zu anderem Erwerb benutzen. Dann aber kommt man zu dem obigen Ergebnis, daß Güter mit berücksichtigt werden müssen, die zwar nicht erworben sind, aber — vielleicht — erworben werden konnten.

Nach diesem Gedankengang müßte dann aber jeder — um die Gleichheit des „Opfers“ zu prüfen — seine Mitmenschen nicht nur auf ihr wirkliches zeitiges Einkommen taxieren, sondern auch darauf, in welcher Zeit, mit wie viel Arbeit sie es wohl gewinnen, und was sie in der etwa arbeitsfreien Zeit noch außerdem gewinnen könnten, kurz es müßte die Arbeitsfähigkeit und damit eine innere Eigenschaft jedes Steuerpflichtigen geprüft werden.

Die praktische Unhaltbarkeit, die gänzliche Unmöglichkeit eines derartigen Gedankens liegt auf der Hand. Das wäre — auch theoretisch betrachtet — keine Art der Steuerverteilung, die das Empfinden gleicher Opfer auslösen könnte. — Außerdem steht dieser Auffassung der Gedanke entgegen, daß doch in jedem Fall, in dem die größere Erwerbsmöglichkeit durch höheren Er-

[1]) Darüber, ob solche Spekulationsgewinne „leichter“ gemacht werden, vgl. z. B. wegen des Risikos Adolf Weber, S. 110 ff und Diefke an mehreren Stellen.

werb wirklich realisiert wird, auch — z. B. bei der Einkommensteuer eine — höhere Steuer ohne weiteres eintritt, so daß in deren größerer Höhe dann auch der Entgelt für den leichter erworbenen Teil mit enthalten ist.

Eine Vorstellung von Gleichmäßigkeit der Besteuerung, bei der nicht nur über die zurzeit vorhandenen wirtschaftlichen Güter hinaus auf die unter Umständen erlangbaren, sondern auch über die wirtschaftlichen Güter überhaupt hinaus auf die sogenannten inneren Güter, welche die moderne Volkswirtschaft mit Recht als wirtschaftliche nicht anerkannt, gerücksichtigt werden muß, hat mit dem Wesen der Opfertheorie kaum noch etwas zu tun. Sie verläßt jeden praktisch benutzbaren Boden und mit dem Begriff des volkswirtschaftlichen Gutes eigentlich überhaupt das Gebiet der Volkswirtschaft. Denn wenn diese auch zu rechnen hat mit Dingen und Vorstellungen, die außerhalb ihres Bereiches liegen, so darf doch nicht aus einer nicht volkswirtschaftlichen Vorstellung und einem volkswirtschaftlichen Begriff ein neuer Begriff gebildet werden, der ein volkswirtschaftlicher sein soll, nämlich hier der der wirtschaftlichen Leistungsfähigkeit.

Ich gehe hiermit bewußt noch weiter als Strutz, der den Gedanken einer Berücksichtigung der Mühelosigkeit des Erwerbes als theoretisch verlockend bezeichnet, ihn aber in ausgezeichnet schlagender Weise als praktisch undurchführbar, ja zu den haarsträubendsten Ungerechtigkeiten führend bezeichnet [1]. Mir scheint der Grad der Mühelosigkeit einer Einnahme nicht nur wegen seiner praktischen Unbrauchbarkeit abgelehnt werden zu müssen, sondern ich halte ihn auch theoretisch nicht für einen geeigneten Maßstab zur Verwirklichung einer Besteuerung nach der Leistungsfähigkeit.

Diese Ablehnung der Opfertheorie für die Besteuerung der Konjunkturgewinne wegen ihrer Mühelosigkeit, wegen ihres Anfalles ohne Arbeit läßt nun zugleich den eigentlichen Grundgedanken jener Rechtfertigung der Steuer auf den Konjunkturgewinn erkennen, nämlich den des Neides des Minderglücklichen, der im Schweiße seines Angesichtes erworben hat, gegen den vom

[1] Vgl. auch meine kurzen Bemerkungen im Preußischen Verwaltungsblatt, Jahrg. 30, S. 520.

Glück Begünstigten, dem der „Spielteufel“ oder „ein blinder Zufall“ ein Gewinnlos in die Hand drückte. Auf dem Boden dieser „wenig schönen“ (Strutz, S. 33) menschlichen Eigenschaft wird ernstlich niemand eine als gerecht empfundene, gleichmäßige Steuerverteilung aufbauen wollen, selbst wenn es nicht — glücklicherweise — praktisch unmöglich wäre.

Mit dem Vorstehenden sollte nachgewiesen werden, daß derjenige Teil im Konjunkturgewinn, der auch nicht auf eine Tätigkeit der Gemeinden, sondern nur auf allgemeine Umstände, auf die reine Konjunktur zurückgeht, eine Besteuerung nach der Opfertheorie nicht begründet werden kann. Dann bleibt also nur übrig, daß zu einer besonderen Besteuerung dieses reinen Konjunkturgewinnes überhaupt keinerlei Grund vorliegt.

Zum Teil werden die unrichtigen Forderungen, welche in der Praxis für die Besteuerung des Konjunkturgewinnes aufgestellt worden sind, durch die negative Fassung der Definition des Konjunkturgewinnes als eines „Gewinnes ohne eigene Arbeit“ verursacht worden sein. Schon deshalb wäre es daher richtiger, ihn positiv zu definieren als den durch die allgemeinen Vorgänge und die Veränderungen der Wirtschaftslage, der Rechtsordnung und durch die Staats- und Gemeinde-Einrichtungen entstandenen Wertzuwachs-Erwerb. Diese Fassung eröffnet dann, wie bereits erwähnt ist, die Möglichkeit einer Besteuerung nach der Interessentheorie. Denn zweifellos kann, ja muß derjenige Teil des Konjunkturgewinnes, der auf die Aufwendungen der öffentlichen Verbände zurückzuführen ist, und für den dieser Zusammenhang auch empfunden wird, nach dem Gesichtspunkte von Leistung und Gegenleistung besteuert werden.

Es kann sich dann des weiteren nur noch darum handeln, die Grenzen festzustellen einmal nach der Seite der sogenannten allgemeinen Umstände hin und zum anderen nach der Seite solcher einzelnen Einrichtungen und Aufwendungen von Staat und Gemeinde, die zahlenmäßig nachweisbare Vorteile für ein beschränktes örtliches Gebiet verursachen und daher durch Gebühren und Beiträge zu entgelten sind. Diese Feststellungen haben aber nur eine Bedeutung für die Frage nach der Höhe, in der die Konjunkturgewinne zu besteuern sind, nicht für die Frage nach der Berechtigung solcher Besteuerung überhaupt.

Da die sich hier ergebenden Fragen immer nur für eine bestimmte Steuerart entschieden werden können, so sind sie nicht an dieser Stelle, sondern unten bei der Besprechung der Wertzuwachssteuer selbst zu erörtern.

Von den vier Arten von Steuerprinzipien sind jetzt noch nicht erörtert nur diejenigen der Steuerverwaltung.

Gefordert werden hier allgemein erstens Bestimmtheit der Steuer, zweitens Bequemlichkeit für den Steuerpflichtigen und drittens möglichst niedrige Erhebungskosten. Die einzelnen Merkmale, an denen die Wahrung dieser Grundsätze zu prüfen ist, sind so einfach und auch in der Theorie so wenig bestritten, daß auch ihre Erörterung mit der Frage, wie sie bei der Wertzuwachssteuer verwirklicht werden können, verbunden werden soll.

II. Der Grundgedanke der Besteuerung nach dem Wertzuwachs.

Wenn es der Zweck dieser Schrift wäre, lediglich die bisher übliche indirekte Form der Wertzuwachssteuer zu kritisieren oder Verbesserungsvorschläge zu ihr zu machen, so würde nunmehr zu untersuchen sein, wie die aus den oben erwähnten Steuerprinzipien sich ergebenden einzelnen Forderungen von den typischen Wertzuwachssteuerordnungen erfüllt werden. Da es mir indessen vorzugsweise auf einen Vergleich der indirekten Steuerform mit der direkten ankommt, so muß eine andere Art des Vorgehens gewählt werden. Es wird zu diesem Zwecke vorweg erforderlich, den allgemeinen, von der üblichen indirekten Steuerform unabhängigen Grundgedanken der Wertzuwachssteuer zu ermitteln, um dann mit Hilfe der wichtigsten Steuerprinzipien zu untersuchen, wie er am richtigsten in die Praxis umgesetzt werden müßte. Der wirkliche Grundgedanke jedoch, der mit der Besteuerung des Wertzuwachses verwirklicht werden soll, ist naturgemäß nur aus der Entwickelung des Wertzuwachsbegriffes abzuleiten, den dieser in der Praxis in Anlehnung an die Theorie erfahren hat. Die nächste Aufgabe muß daher sein, den Wertzuwachsbegriff, wie er bisher in Gesetzen und Steuerordnungen, in den Entwürfen dazu und in der Theorie Ausdruck gefunden hat, zu ermitteln.

Für diese nächste Aufgabe sind dann zwei voneinander — äußerlich — wesentlich abweichende Wertzuwachsbegriffe festzustellen; einer für die — bisher fast allein praktisch gewordene — indirekte Wertzuwachs-Umsatzsteuer und einer für die — erst in einem Falle eingeführte — direkte Wertzuwachs-Grundsteuer.

Den ersteren anlangend sei einstweilen angenommen, daß er in einer dem zugrunde liegenden Gedanken am meisten entsprechenden Form im Entwurf eines Reichs-Zuwachssteuergesetzes Ausdruck gefunden hat, und dessen Vorschriften seien daher vorangestellt.

Als Wertzuwachs ist nach ihm anzusehen die ohne Zutun des Eigentümers während seiner Besitzdauer entstandene und zur Zeit der Veräußerung noch vorhandene Werterhöhung, wie sie im „Gewinn", das heißt in dem Unterschied zwischen dem Erwerbspreis und dem Veräußerungspreis, ihren Ausdruck findet (vgl. §§ 5—19 des Entwurfes und Seite 20 und 24 der Begründung dazu).

Weicht nun dieser Begriff in wichtigeren Punkten von demjenigen ab, der sich aus anderen Steuerordnungen der Bundesstaaten oder der Gemeinden ergibt?

Der Entwurf geht zur Feststellung des Wertzuwachses von dem erzielten Preise aus, und der — gemeine — Wert des Grundstückes wird nur für gewisse Fälle substitutiert (§ 7 des Entwurfes). In den meisten Steuerordnungen wird ebenso verfahren, so z. B. in derjenigen von Hamburg vom 12. Oktober 1908, von Lübeck vom 24. Februar 1909, von Frankfurt a. M. vom 11. September 1906, von Köln vom 23. Februar 1905, von Dortmund vom 5. Februar 1908 usw. Zum Teil wird jedoch auch von vornherein vorgeschrieben, daß als Wertzuwachs der Unterschied zwischen den beiden Werten zur Zeit des Erwerbes und zur Zeit der Veräußerung gelten soll. Daneben findet sich dann aber durchweg die Bestimmung, daß als „Wert" der erzielte „Preis" anzusehen sei. Und zwar ist dieser entweder schlechthin maßgebend oder bedingt wie im Reichsgesetzentwurf, so in der Steuerordnung des Fürstentums Lippe vom 8. Januar 1910, § 9 Absatz 1. Oder es ist der Steuerbehörde der Nachweis offen gelassen, daß der gemeine Wert höher sei als der erzielte oder angegebene Preis (Steuerordnung von Lippe, § 8 Absatz 1 und 2). Es finden sich in dieser Beziehung auch Unterschiede hinsichtlich des Erwerbspreises einerseits und des Veräußerungspreises andererseits, indem z. B. nur der erstere unbedingt — ohne Rücksicht auf einen etwa abweichenden Wert — maßgebend ist, wenigstens sofern der Erwerb vor dem Inkrafttreten des Ortstatuts stattgefunden hat, so nach dem Großherz. hessischen Gesetz vom 14. Dezember 1907, Regierungs-Blatt S. 425, Art. 3.

Neben den Begriffen „Anschaffungs-(Erwerbs-)preis" und „Veräußerungspreis" finden sich noch die Begriffe „Anschaffungswert", z. B. in Berlin und Charlottenburg und andererseits „Veräußerungserlös", wie in Hamburg, Lübeck und Berlin, und ferner „Veräußerungswert", so in Charlottenburg. Unter „Anschaffungswert" versteht die Charlottenburger Steuerordnung das beim früheren Umsatz vereinbarte Entgelt; nach der Berliner Steuerordnung setzt sich dagegen der Anschaffungswert zusammen aus dem Erwerbspreis, den Erwerbskosten, den Ausgaben für Verbesserungen und dem etwaigen Ausfall an einer Hypothek beim Erwerb in der Zwangsversteigerung. Der Begriff „Veräußerungserlös" wird gleichbedeutend mit „Veräußerungspreis" gebraucht. Unter „Veräußerungswert" versteht die Charlottenburger Steuerordnung den gemeinen Wert oder den Preis, falls dieser höher ist.

Sodann ist noch die Steuerordnung von Gelsenkirchen wegen einer grundsätzlichen Abweichung hervorzuheben. Nach der dortigen Steuerordnung wird bei unbebauten Grundstücken ein progressiv gestalteter Prozentsatz des Betrages erhoben, um den der jetzige Verkaufspreis den Wert des Grundstückes als land-wirtschaftlich nutzbares Land übersteigt. Hinsichtlich der bebauten Grundstücke fehlt eine Wertzuwachssteuer, sofern das Grundstück als bebautes seit 20 Jahren nicht veräußert ist; hier wird nur eine erhöhte Umsatzsteuer gefordert. Wenn das Grundstück aber als bebautes innerhalb der letzten 20 Jahre vor dem steuerpflichtigen Rechtsgeschäft schon einmal oder öfter veräußert ist, und der bei dem nunmehr steuerpflichtigen Rechtsgeschäft erzielte, jedoch um die für Neubauten und Erweiterungsbauten nachweislich verauslagten Beträge gekürzte Erwerbspreis den „Vorpreis" um mindestens 20 % übertrifft, so wird ein progressiv gestalteter Prozentsatz dieser „Wert"steigerung erhoben.

Da nur die ohne Zutun des Eigentümers entstandene Wertsteigerung, die in dem Unterschied zwischen den Werten oder Preisen bei Beginn und Ende der Besitzzeit enthalten ist, besteuert werden soll, so muß aus dem Preis- oder Wertunterschied derjenige Teil ausgeschieden werden, der mit Zutun des Eigentümers entstanden ist. Dies geschieht mittels der sogenannten „Anrechnungen", die teils als „Hinzurechnungen" zum Erwerbspreis, teils als „Abrechnungen" vom Veräußerungspreis erscheinen.

Der Reichsgesetzentwurf kennt als Hinzurechnungen zum Erwerbspreis nur die Erwerbskosten und — beim Erwerb in der Zwangsversteigerung — den Betrag einer ausgefallenen Hypothek oder Grundschuld innerhalb der Grenze des wirklichen Wertes des Grundstücks zur Zeit der Zwangsversteigerung (§ 10 des Entwurfes). An Abrechnungen vom Veräußerungspreis läßt § 15 des Entwurfes zu:

1. die Aufwendungen für Bauten, Umbauten und sonstige dauernde besondere Verbesserungen, die innerhalb des für die Steuerberechnung maßgebenden Zeitraumes gemacht sind, soweit sie eine zur Zeit des Eintritts der Steuerpflicht noch fortbestehende Werterhöhung zur Folge haben und weder der laufenden Unterhaltung oder ordnungsmäßigen Bewirtschaftung dienen noch zur Wiederherstellung eines schon zur Zeit des Erwerbes mit dem Grund und Boden verbunden gewesenen Gebäudes oder anderen Werkes bestimmt sind,
2. die Leistungen und Beiträge für die Anlage von Straßen, für die Kanalisierung sowie für sonstige öffentliche Arbeiten und Aufwendungen, die innerhalb des für die Steuerberechnung maßgebenden Zeitraumes gemacht sind,
3. die dem bisherigen Eigentümer oder Berechtigten nachweislich zur Last fallenden Kosten der Übertragung einschließlich der für die Vermittlung gezahlten ortsüblichen Gebühr, sofern nicht an Stelle des Veräußerungspreises der Wert maßgebend ist.
4. vier vom Hundert von dem Erwerbspreis unbebauter Grundstücke, die vom Veräußerer vor der Veräußerung bebaut worden sind, für einen Zeitraum von nicht mehr als sechs Jahren vor der behördlichen Gebrauchsabnahme oder, wo eine solche nicht besteht, vor der gebrauchsfertigen Herstellung mit der Maßgabe, daß auf den Zinsabzug der in der Zeit aus dem Grundstück erzielte Ertrag anzurechnen ist.

Hinsichtlich dieser „Abrechnungen" zeigen die Steuerordnungen sehr weitgehende Abweichungen. Sie liegen zum Teil darin, daß die der Art nach gleichen Aufwendungen bald als „Hinzurechnungen," bald als „Abrechnungen" behandelt werden. Das Ergebnis ist in beiden Fällen deshalb kein gleiches, weil die Steuersätze fast durchweg progressiv gestaltet sind und mit dem Prozentsatz steigen, den der Wertzuwachs vom Erwerbspreis ausmacht, und der natürlich um so niedriger ist, je mehr dem Erwerbspreis hinzugerechnet wird. Auf diese Frage ist unten noch ausführlicher zurückzukommen. Hier war nur festzustellen, daß die Steuerordnungen in dieser Beziehung große Verschiedenheiten aufweisen, und zwar bis in die neueste Zeit (vgl. die Steuerordnungen einerseits von Berlin, andererseits von Charlottenburg).

Weiterhin finden sich erhebliche Abweichungen in der Art und dem Umfange der überhaupt zugelassenen Anrechnungen. Am häufigsten finden sich hier die Erwerbs- und die Veräußerungskosten, vielfach in Pauschalsätzen, und zwar in gewissen Prozenten der Preise; sodann die Aufwendungen für Verbesserungen, soweit sie zu nachweisbaren Ausgaben geführt haben, und endlich — fast nur bei unbebauten Grundstücken — Zinsen (3 % bis 4½ %) des Erwerbspreises oder die Hypothekenzinsen.

Neuer ist die Berücksichtigung des Hypothekenausfalles beim Erwerb in der Zwangsversteigerung.

Hinsichtlich der Verbesserungen lassen die älteren Steuerordnungen nur die Berücksichtigung von Kapitalaufwand zu, nicht dagegen von Arbeit. Neuerdings, z. B. in Berlin, findet sich aber auch dieses Moment berücksichtigt. Der § 2 Ziff. 2 b der Berliner Steuerordnung läßt als Abzug zu „eine angemessene Vergütung für die eigene vom Veräußerer bei dem Bau geleistete Tätigkeit, sofern sie in seinen Gewerbebetrieb fällt". Der Reichstagskommission zur Beratung der Zuwachssteuer ist es vorbehalten geblieben, den Versuch zu machen, im weiteren Umfange aus der ganzen Wertsteigerung eines Grundstücks den auf „Arbeit" entfallenden Teil auszusondern, indem sie einen Abzug von 5 % des für Verbesserungen aufgewendeten Kapitals als Pauschalabzug zuläßt (§ 10 Ziff. 4 des Entwurfes i. d. Fassung d. II. Lesung).

Während, wie erwähnt, nach dem Reichsgesetzentwurf aus der ganzen Wertsteigerung Kapitalsaufwendungen nur insoweit ausscheiden sollen, als sie „eine zur Zeit des Eintritts der Steuerpflicht noch fortbestehende Werterhöhung zur Folge haben", wird in fast allen bisherigen Steuerordnungen der volle, seinerzeit entstandene Kapitalsaufwand für Verbesserungen als abzugsfähig angesehen.

Eine besonders geartete „Zurechnung" findet sich auch noch in der Steuerordnung für den Landkreis Blumenthal, indem für bebaute Grundstücke, in denen vom bisherigen Eigentümer mindestens 5 Jahre ein Erwerbsgeschäft betrieben worden ist, 5 % vom früheren Erwerbspreis diesem hinzugerechnet werden dürfen.

Da die gegenwärtige Betrachtung der Wertzuwachssteuerordnungen nur erst den Zweck hat, den Grundgedanken der Wertzuwachsbesteuerung zu ermitteln. so kann von weiteren Einzelheiten zunächst abgesehen werden, bis auf eine kurze Betrachtung des Steuertarifes.

Wie bereits erwähnt, lassen die meisten Steuerordnungen die Sätze nur steigen mit der relativen Höhe des Wertzuwachses. Einzelne neuere Steuerordnungen berücksichtigen aber daneben durch eine besondere Progression auch die absolute Höhe des Wertzuwachses (so in Lübeck, Hamburg, Berlin). Ferner lassen fast alle Steuerordnungen die sogenannten kleinen Gewinne, d. h. einen Wertzuwachs, der 10 % — in Frankfurt a. M. 15 % — des Erwerbspreises nicht übersteigt, von der Steuer frei.

Eine weitere Art der Steuerfreiheit hat die Reichstagskommission beschlossen, indem eine Wertzuwachssteuer nicht erhoben werden soll, wenn der Veräußerungspreis bei bebauten Grundstücken nicht mehr als 20 000 M, bei unbebauten Grundstücken nicht mehr als 5000 M. und der Wertzuwachs nicht mehr als 50 % beträgt. Voraussetzung ist jedoch ferner, daß weder der Veräußerer und sein Ehegatte im Durchschnitt der letzten drei Jahre ein Jahreseinkommen von mehr als 2000 M gehabt haben, noch einer von ihnen den Grundstückshandel gewerbsmäßig betreibt. (§ 1 des Entwurfes II. Lesung.)

Die vorstehend gegebene Übersicht über die grundlegendsten Vorschriften der indirekten Steuerordnungen müßte eigentlich die — induktive — Ermittelung des Wertzuwachsbegriffes, aus dem dann der Grundgedanke dieser Steuer abgeleitet werden könnte, ermöglichen. Tatsächlich ist eine solche vollständige Definition nicht ohne weiteres möglich. Dazu sind die hervorgehobenen teilweise grundsätzlichen Abweichungen zu bedeutend, und zwar auch hinsichtlich der Erwägungen, auf denen sie beruhen. Diese Erwägungen werden daher nach Möglichkeit für die einzelnen Abweichungen festgestellt werden müssen, um aus ihnen Rückschlüsse für den Grundgedanken der Wertzuwachssteuer ableiten zu können.

Schon jetzt aber kann ein Doppeltes festgestellt werden: 1. der Wertzuwachsbegriff der indirekten Steuerordnungen wird jedenfalls ein Zwischending zwischen der reinen real gedachten Werterhohung des nackten Grund und Bodens innerhalb eines nach der verschieden langen Besitzzeit der Eigentümer verschieden langen Zeitraumes (objektiver Tatbesatnd) und dem von der Person des Besitzers durch die Veräußerung wirklich erzielten Gewinn (subjektiver Tatbestand, Gewinnsteuer) [1]) sein.

2. Voraussetzung für die Steuer ist die Veräußerung eines Grundstücks. Diese Veräußerung gilt als Endpunkt der Abwicklung eines Geschäftes im kaufmännischen Sinne, dessen Beginn der Erwerb des Grundstücks durch den jetzigen Veräußerer war. Es wird dann — meist — fingiert, daß der Erwerbspreis und der Veräußerungspreis dem gemeinen Werte in jenen beiden Zeitpunkten entsprochen haben, so daß die Differenz beider Preise die prasumtive Wertsteigerung während der Besitzzeit ergibt. Diese ganze Wertsteigerung soll sich zusammensetzen aus „verdientem" und „unverdientem" Wertzuwachs, und der erstere soll dann mittels der „Anrechnungen" ausgeschieden werden, so daß der steuerpflichtige Wertzuwachs übrig bleibt.

Zu diesen beiden Feststellungen ergeben sich dann folgende Fragen: 1. Für welche Seite der doppelten Natur des Wertzuwachses sprechen die einzelnen der erwähnten Vorschriften über die Zulassung des Preises an Stelle des Wertes, über die Abzüge vom Veraußerungspreis und über die Gestaltung des Steuertarifes, zumal soweit diese Vorschriften in den einzelnen Steuerordnungen verschieden lauten?

2. Inwieweit wird durch das geschilderte Verfahren der Ermittlung des Wertzuwachses in der Tat erreicht, daß nur der „unverdiente" Wertzuwachs der Steuer unterworfen wird?

[1]) Vgl auch Bredt, S 11, und Entscheidung des Oberverwaltungsgerichts vom 21. Oktober 1909, Strutz, S 49

Läßt die Nebeneianderstellung von Preis und Wert einen Rückschluß auf die Natur des Wertzuwachses nach der objektiven, realen oder nach der subjektiven, persönlichen Seite hin zu? Meines Erachtens spricht die Zulassung des Preises deutlich für die subjektive Natur, für den Charakter der Gewinnsteuer, insbesondere soweit, sei es beim Erwerb, sei es bei der jetzigen Veräußerung des Grundstücks, der Preis unbedingt maßgebend ist, d. h. ohne daß auf den etwa abweichenden gemeinen Wert zurückgegriffen werden darf. Dahingehende Vorschriften finden sich insbesondere für den Erwerbspreis. Sie empfehlen sich auch aus einer praktischen Erwägung; denn für längere Zeit zurückliegende Veräußerungen wäre es außerordentlich schwer, vielfach unmöglich, diejenigen besonderen Verhältnisse noch jetzt nachzuweisen, die seinerzeit vorgelegen haben müssen, wenn „Preis“ und „gemeiner Wert“ von einander abgewichen haben sollten[1]). Wo der gemeine Wert etwa durch Grundsteuerveranlagungen nach dem gemeinen Wert feststeht, fällt dieser Grund freilich fort.

Auch Sembritzki[2]) hat bereits darauf hingewiesen, daß durch die vorzugsweise Berücksichtigung des Preises die Steuer eine Gewinnsteuer wird. Wenn er dies aber außer mit praktischen Gründen auch damit rechtfertigt, daß der spekulative Veräußerungspreis häufig dem Werte vorauseile, und daß durch die Mitbesteuerung der Differenz zwischen dem niedrigeren Werte und dem höheren Preise die Überspekulation bekämpft werde, so scheint da doch eine Verwechslung von „Ertragswert“ und „gemeinem Wert“ unterzulaufen. Der gegenwärtige Ertragswert, das heißt die Kapitalisierung des gegenwärtigen Ertrages, wird zwar häufig hinter dem erzielten Verkaufspreis zurückbleiben, der gemeine Wert aber wesentlich seltener; denn dieser weicht von dem Ertragswert — gerade auch bei im Werte steigenden Gelande — regelmäßig nach oben ab, weil mit dem späteren Steigen auch des Ertragswertes schon im voraus gerechnet wird. Daß aber der erzielte Verkaufspreis auch diesen gemeinen Wert noch übersteigt, kann, wie bereits erwähnt, nur unter besonderen Umständen vorkommen.

---

1) Über „Preis“ und „Wert“ im allgemeinen vgl unten S 29 ff

2) Preußisches Verwaltungsblatt, Jahrg 30, S 247.

Sodann werden die „Anrechnungen“ und ihre Verschiedenartigkeit in den einzelnen Steuerordnungen einen Rückschluß darauf zulassen, ob die reale oder die persönliche Seite des Wertzuwachsbegriffes stärker ausgebildet ist oder ausgebildet werden soll.

Zunächst die Anrechnungen von Kapitalaufwand und Arbeit für Verbesserungen. Abgesehen von der weiter unten zu besprechenden Frage, ob diese Anrechnungen als „Hinzurechnungen“ oder als „Abrechnungen“ auszubilden sind, und ferner abgesehen von dem Umfange der einzelnen Abrechnungen ergibt sich zunächst als wichtigste Verschiedenheit, daß in den älteren Steuerordnungen die volle seinerzeit entstandene Ausgabe, in den neueren Steuerordnungen dagegen nur derjenige Teil der Ausgabe abgezogen werden darf, dem eine noch fortbehende Werterhöhung entspricht. Es erhellt ohne weiteres, daß das ältere Verfahren mehr auf die Ausbildung der Gewinnsteuer hinweist; denn wenn man Erwerb, Besitz und Veräußerung des Grundstücks als ein einheitliches Geschäft zu betrachten hat — wie es wegen der Anlehnung der Steuerpflicht an die Veräußerung geschehen muß —, so schmälern alle für diesen Besitz gemachten Ausgaben den Gewinn natürlich in der Höhe, in der sie entstanden sind. Das neuerdings angewandte Verfahren dagegen entspricht mehr der realen Natur des Wertzuwachses, indem aus dem jetzigen Wert nur der Teil ausgesondert wird, der zurzeit noch als durch die Verbesserungen geschaffen betrachtet werden kann.

Im übrigen ist noch auf folgendes hinzuweisen: Bei den Abzügen für Verbesserungen wird immer unterstellt, daß der gemeine Wert des Grundstücks sich wenigstens ursprünglich um den vollen Kostenbetrag dieser Aufwendungen erhöht habe, nicht mehr und nicht weniger. Das ist aber zweifellos nicht richtig, denn je nach der Wirtschaftlichkeit der Aufwendung entsteht eine Werterhöhung darüber hinaus, eine Kapitalsrente und Unternehmergewinn, oder ein Zurückbleiben hinter dem Betrage der Aufwendung. Dies ist die Folge davon, daß der Begriff des „Kostenwertes“ und des „Wertes“ schlechthin sich nicht decken.

Es wird hier erforderlich sein, kurz auf die erwähnten Arten des Wertbegriffes einzugehen. Kostenwert ist derjenige Wert, der sich durch die Zusammenrechnung aller Herstellungskosten ergibt. Er deckt sich nicht mit dem volkswirtschaftlichen Tauschwert schlechthin, sondern hat im allgemeinen nur die Bedeutung, daß der volkswirtschaftliche, insbesondere der sogenannte gemeine Wert nicht dauernd unter die Herstellungskosten sinken kann. Die Herstellungskosten und der Kostenwert stellen also nur eine Grenze des Wertes nach unten dar. Der gemeine Wert kann erheblich höher sein. Andererseits kann er für einzelne Gegenstände und — zeitweise — für ganze Gattungen von Gegenständen unter die Herstellungskosten sinken. Über den volkswirtschaftlichen Wert gibt es zahlreiche sogenannte Werttheorien. Es ist hier natürlich nicht der Raum, zu ihnen kritisch Stellung zu nehmen. Vielmehr muß die Feststellung genügen, daß Verfasser sich derjenigen Theorie anschließt, die — in allmählich wachsendem Maße — als die herrschende betrachtet werden kann. Dies ist die sogenannte Grenznutzentheorie von Böhm-Bawerk. Nach ihr wird der Wert aller Dinge durch zwei Wertfaktoren bestimmt: durch die Seltenheit und durch die Dringlichkeit des Bedürfnisses.

Es fragt sich, ob diese beiden Wertfaktoren überall die gleiche Bedeutung haben, und wie ihr Verhältnis zueinander ist. Darauf ist zu sagen, daß bei manchen wirtschaftlichen Gütern bald der eine, bald der andere Faktor stärker in den Vordergrund tritt; so insbesondere bei den sogenannten Monopolwerten die Seltenheit. Wenn nämlich wegen des Bestehens eines rechtlichen oder tatsächlichen Monopols Güter irgendeiner Gattung nicht über einen bestimmten Vorrat hinaus vermehrt werden können, und wenn dann gleichzeitig das Bedürfnis nach diesen Gütern dringlicher wird, so steigt der Wert dieser Güter, wie man sagt, monopolartig, eben weil der Vorrat nicht vermehrt wird oder nicht vermehrt werden kann. Wie hoch der Wert steigt, hängt dann aber natürlich auch hier wieder von dem Maße der Dringlichkeit ab, in dem gerade nach genau diesen Gütern (z. B. Grundstücken an gerade dieser Stelle) ein Bedürfnis besteht. Je mehr die Möglichkeit vorliegt, das in Frage stehende Bedürfnis durch Verwendung ähnlicher Güter zu befriedigen, um so weniger kann die „Seltenheit“ jener Güter den Wert monopolartig steigen lassen.

Wie stellen sich diese Fragen nun für den Grund und Boden? Ihre Beantwortung hat in der Wertzuwachsliteratur bisher wohl den allerbreitesten Raum eingenommen. Denn hierher gehören alle Erörterungen über die Natur der Bodenrente und der Bodenspekulation. Die Erörterungen hierüber sind an sich auch zweifellos außerordentlich wichtig, meines Erachtens aber sowohl für die grundsätzliche Rechtfertigung als auch für die praktische Ausgestaltung der Wertzuwachssteuer doch nicht von so ausschlaggebender Bedeutung, wie es nach dem Umfange dieser Literatur scheinen muß. Diese Fragen haben meines Erachtens vorzugsweise für einige Nebenpunkte der Steuer Bedeutung. Einer dieser Nebenpunkte ist der hier zu erörternde, welche Bedeutung die Kapitalaufwendungen für Verbesserungen bei Grundstücken haben. Deshalb ist auch hier zu jenen Fragen Stellung zu nehmen, aber mit der durch den Rahmen der Arbeit sich hier besonders empfehlenden Beschränkung auf eine Feststellung der eigenen Auffassung und unter Verzicht auf ihre selbständige Begründung. — Diese Auffassung deckt sich mit derjenigen von Diehl, mit der, wie mir scheint, im Ergebnis auch Stier - Somlo[1]) völlig übereinstimmt. Demnach nehme ich an, daß es eine eigentliche Monopolstellung der Grundbesitzes nicht gibt, und daß die Unvermehrbarkeit des Bodens für Bauzwecke keine absolute, sondern nur eine relative ist. Daher ist die „Seltenheit" des Bodens auch keine absolute, sondern eine solche, die sich in dem Maße verringert, als das Wohnbedürfnis schließlich auch durch solchen Boden befriedigt werden kann, der nicht gerade an der gunstigsten Stelle gelegen ist. Es besteht zwar eine Entfernungs-Differenzrente im (Ricardo-) Thünenschen Sinne; aber für die unter ihrer Berücksichtigung sich vollziehende Wertbildung des Grund und Bodens sind wie bei allen volkswirtschaftlichen Gütern die Seltenheit und die Dringlichkeit des Bedürfnisses die schließlich allein entscheidenden Faktoren; natürlich mit der auch sonst gültigen Einschränkung, die sich aus der nach unten hin regulierenden, bedingten Einwirkung der Herstellungskosten ergibt.

Noch eins sei hier festgestellt. Unter dem „gemeinen Wert" wird in gewissem Sinne nur ein „Preis" verstanden. Preis ist an sich der in Geld ausgedrückte Wert. Aber Preis und Wert fallen bekanntlich vielfach auseinander (Übervorteilung, Irrtum, Lieb-

[1]) Vgl Diehl, S. 734—758, insbesondere S 750, und Stier-Somlo, S. 14.

haberpreis usw.). Von dem „gemeinen Wert“ dagegen wird angenommen, daß er dem augenblicklichen reellen volkswirtschaftlichen Wert entspricht. Soweit daher der Begriff des gemeinen Wertes zugleich einen Preis darstellt, müssen die Faktoren, die den Wert bestimmen, zu solchen werden, die den Preis regulieren. In diesem Sinne wird dann die „Seltenheit“ zum „Angebot“, die „Dringlichkeit des Bedürfnisses“ zur „Nachfrage“. Denn Nachfrage und Angebot allein regeln den Preis.

Die vorstehenden Erörterungen stellen die Begründung für den oben aufgestellten Satz dar, daß in dem jetzigen Veräußerungspreis oder im jetzigen Wert eines Grundstücks der Wert von Verbesserungen nicht immer mit demjenigen Betrage enthalten ist, der s. Zt. an Kapital und Arbeit dafür aufgewandt wurde. Daraus ergibt sich zugleich eine Einschränkung der obigen Annahme für die Ausbildung der Steuer nach der realen oder der persönlichen Seite hin. Die Beschränkung der Abzüge für Verbesserungen auf die z. Zt. noch fortbestehende Werterhöhung war dort als richtig für die Darstellung des realen Wertzuwachses hingestellt worden. Nachdem wir gesehen haben, daß eine Aufwendung z. B. von 1000 M gleich nach der Verwendung, weil sie eine besonders wirtschaftliche war, vielleicht den Wert des Grundstücks um 1100 M erhöht haben kann und daß weiterhin unter Einwirkung der Wertfaktoren Seltenheit und Dringlichkeit des Bedürfnisses es im Laufe der Zeit sehr wohl möglich ist, daß die damals gemachte Aufwendung das Grundstück jetzt sogar um 1500 M wertvoller macht als ohne die Aufwendung, so muß die erwähnte Beschränkung des Abzuges auf „die z. Zt. noch fortbestehende Werterhöhung“ doch als gänzlich unzureichend erscheinen, um den wirklich unverdienten Wertzuwachs zu ermitteln. Denn die Beschränkung bewirkt zwar, daß unter Umständen weniger als der aufgewandte Kapitalsbetrag abgezogen werden darf; aber sie läßt andererseits nicht einen darüber hinausgehenden Abzug zu, obwohl dann der unverdiente Wertzuwachs (so im Falle des Beispieles) nicht so hoch ist, als er für die Besteuerung angenommen wird.

Aus dem Gesagten kann zugleich ohne weiteres die Folgerung gezogen werden, daß eine Vorschrift, die eine Ermittelung der z. Zt. noch fortbestehenden Werterhöhung einer Kapitalsverwendung bezweckt, praktisch völlig undurchführbar ist. Ist es doch nicht einmal möglich, zu sagen, wie groß der Wert der geschaffenen Einrichtung im Augenblick der Kapitalsverwendung war. Und überhaupt: Die Aufgabe, aus einem gegebenen Wert einzelne Bestandteile zahlenmäßig herausuznehmen, als auf den Wertfaktor der Herstellungskosten entfallend, ist meines Wissens in der Finanzwirtschaft — sei es in der öffentlichen sei es auch in der privaten — bisher kaum gestellt worden. Ob nun die Wertzuwachssteuer und zumal die Reichszuwachssteuer die geeignete Gelegenheit für die Lösung dieses Problems ist, will mir mehr als zweifelhaft erscheinen.

Man weiß in der Tat gar nicht, wie die Sache praktisch angegriffen werden sollte. Angenommen, ein Grundstück ist für 50 000 M gekauft, nach zwei Jahren mit einem Haus im „Bauwert“ (gleich Baukosten) von 100 000 M bebaut und nach zehn Jahren 200 000 M wert. Dann würde zunächst einmal festzustellen sein, wieviel das Grundstück und das Haus gleich nach der Bebauung wert gewesen sind. Die Begründung zum Reichsgesetzentwurf sagt nun, daß der Zuwachs „erfahrungsgemäß“ wesentlich auf dem Werte des Grund und Bodens beruhe. Dies mag als Regel zutreffen, wenigstens dann, wenn der Eigentümer eigene Unternehmertätigkeit nicht entfaltet, sondern einfach einen Architekten mit der zweckmäßigsten Bebauung beauftragt; sonst aber wohl kaum. Wie soll nun der jetzige Wert ermittelt werden? Soll die Frage lauten: Was wäre das Grundstück wert, wenn das jetzige Haus nicht da wäre? Oder aber: Wieviel würde eine Herstellung des Hauses in seinem jetzigen Zustande jetzt kosten? Oder etwa nur: Welches ist der jetzige Bauwert des Hauses unter Annahme einer „angemessenen“, aber wie hohen, Amortisation? Je nach der Fragestellung müßte das Ergebnis ein sehr verschiedenes sein; freilich ohne daß auch nur auf eine der Fragen eine praktisch befriedigende Antwort gegeben werden könnte.

Durch die Fassung des Gesetzentwurfes nach der zweiten Lesung ist ja nun die Vorschrift des § 15, Ziff. 1 des Entwurfes beseitigt, und es sollen nun dem Erwerbspreise nur hinzugerechnet werden die „Aufwendungen für Bauten ..., soweit die Bauten noch vorhanden sind, zuzüglich 5%“ dieser Aufwendungen. — Diese Vorschrift (§ 10, Ziff. 4) enthält aber wieder eine Verquickung von drei Gedanken, deren einer die Ausbildung der Gewinnsteuer, deren beiden anderen die Ermittelung des realen Wertzuwachses bedeuten oder wenigstens bezwecken. Das erstere gilt von der Abzugsfähigkeit der wirklich aufgewandten Kosten, die natürlich in eben dieser Höhe den Gewinn vermindern. Die Einschränkung, daß die Gebäude noch vorhanden sein und benutzt werden müssen, sei es auch unter „nicht wesentlicher“ Beeinträchtigung ihrer ursprünglichen Zwecke[1]), beruht auf der Annahme, daß sie insoweit den Wert noch erhöhen, aber nicht als Wertzuwachs des Bodens selbst. Die Abrechnung von 5% für eigene Arbeit kann auch nur mit der Absicht gedeutet werden, den eigentlichen Boden - Wertzuwachs zu ermitteln; doch ist, wie wir bereits gesehen haben, die Vermutung, daß über den Betrag der Kapitalsverwendung hinaus eine Werterhöhung entstanden ist, und ohne daß daneben Arbeitstätigkeit nachgewiesen wird, eine ziemlich vage.

Von den weiteren Anrechnungen können für die reale oder persönliche Natur der Steuer nur noch aus denjenigen für Zinsen bei unbebauten Grundstücken Folgerungen gezogen werden. Soweit Zinsen an Dritte — etwa für Restkaufgeld an den früheren Besitzer oder für Hypotheken — zu zahlen sind, liegt auf den ersten Blick die Annahme nahe, der Gesetzgeber wolle den Veräußerer nur den wirklich erzielten Geschäftsgewinn versteuern lassen. Aber auch soweit Zinsen nicht gezahlt wurden, sondern das im Grundstück angelegte Kapital während dieser Zeit nur keine Zinsen brachte, also sog. Zinsverluste entstanden, wird der Vorschrift der Gedanke zugrunde gelegen haben, daß nur der reine Geschäftsgewinn dargestellt werden soll (vgl. auch Sembritzki, Preuß. Verw.-Bl., Jahrg. XXX, S. 265). Allerdings mit zweifelhaftem Rechte und in der unrichtigen Annahme, daß eine kaufmännische — nicht einmal allgemein geübte — Gepflogenheit auch immer eine wirtschaftlich richtige Berechnungsweise darstelle. Ein Kaufmann zieht allerdings von dem aus seinen Büchern ermittelten Geschäftsgewinn meist noch 4 % seines eigenen im Geschäfte arbeitenden Kapitals ab. Aber er will damit noch nicht in Abrede stellen, daß er im ganzen den dann verbleibenden Rest und jene 4 % gewonnen hat. Er kann — vielleicht — mit einem gewissen Recht sagen, die 4 % sind Kapitalsrente, aber jedenfalls sind auch sie Gewinn. Ebenso

[1]) So die aus dem Kommissionsbericht (S. 35) zu entnehmende Auslegung.

müßte die Verzinsung des bei einem Grundstückskauf angelegten Kapitals als Gewinn aus diesem Geschäft erscheinen. Unrichtig ist es daher, wenn Sembritzki (a. a. O. S. 265) den Zinsabzug, den er grundsätzlich verurteilt, vom Gesichtspunkte der Gewinnsteuer für haltbar erklärt.

Wie stellt sich nun der Zinsenabzug für die reale Natur des Wertzuwachses? Die Antwort hierauf muß von der Frage ausgehen, ob diese Zinsen überhaupt im Verkaufswert enthalten sind, ob sie diesen erhöht haben. Dazu ist folgendes zu sagen: Sobald die normale Verzinsung des jetzigen gemeinen Wertes eines Grundstücks seinen Bodenertrag übersteigt, würde es volkswirtschaftlich richtig sein, ihn in diejenige Benutzung zu nehmen, deren bloße Möglichkeit ihm den höheren Wert gibt, d. h. ihn zu bebauen. Der vorläufige Verzicht hierauf ist für den Besitzer nur unter der Voraussetzung wirtschaftlich, daß er die Differenz zwischen der tatsächlichen Nutzung und einer üblichen Verzinsung des Wertes wieder einbringen kann. Er versucht daher dem späteren Preise die entgangene Einnahmedifferenz nnter dem Gesichtspunkte des dadurch erhöhten Kostenwertes hinzuzurechnen. Diese Hinzurechnung muß wenigstens zu einem Teile gelingen, da der Preis, wie wir sahen, unter die Herstellungskosten dauernd nicht sinken kann. Damit ergibt sich dann aber, daß in dem erzielten Preise wenigstens teilweise der Ersatz für diesen früheren Verlust des Veräußerers mitenthalten ist, daß also der am Grund und Boden selbst erfolgte Wertzuwachs mindestens um einen Teil jener Aufwendung niedriger ist als die ganze Wertsteigerung. Damit wäre der Zinsenabzug, d. h. der Abzug der Differenz zwischen den Einnahmen und der Verzinsung des Wertes, gerechtfertigt; und zwar eigentlich nicht nur der Differenz zwischen der Verzinsung des Kaufpreises und der jeweiligen Einnahme, sondern zwischen der Verzinsung des jeweiligen Wertes und der jeweiligen Einnahme. Andererseits ist jedoch die Abzugsfähigkeit der Zinsen nur des Erwerbspreises deshalb gerechtfertigt, weil die Differenz zwischen Verzinsung und Einnahme aus dem Grundstück dem Verkaufspreise meist nicht in voller Höhe zugeschlagen werden kann. Dies würde nur dann möglich sein, wenn auf allen gleichzeitig für die Bebauung in Betracht kommenden Grundstücken solche den Kostenwert erhöhenden Zinsverluste ruhten. Dies ist vielfach aber nicht der Fall, da oft auch auf solchem

Boden gebaut wird, der bis dahin, landwirtschaftlich benutzt, wenigstens annähernd die gleiche Rente abwarf. Daher wird es dem Verkäufer vielfach auch nicht gelingen, diesen ganzen Teil des Kostenwertes sich bezahlen zu lassen. Nähere Anhaltspunkte oder Grundsätze darüber, welcher Teil des Zinsverlustes in dem jetzigen Preise enthalten ist, lassen sich — im Hinblick auf die Einwirkung der beiden Haupt-Wertfaktoren — nicht finden.

Es ergibt sich daher, daß eine beschränkte Zulassung des Zinsenabzuges im Interesse der Darstellung des realen Bodenwertzuwachses, der lediglich auf das Steigen der Bodenrente zurückgeht, zu fordern ist[1]).

Allgemein bleibt für die Abzüge sodann noch festzustellen, daß der Gewinncharakter der Steuer durch ihre Hinzurechnung zum Erwerbspreis starker betont wird als durch ihre Abrechnung vom Verkaufspreis. Denn der Darstellung eines Geschäftsgewinnes entspricht es mehr, auf die eine Seite alle Ausgaben, auf die andere Seite die Einnahme zu setzen, während der Bodenwertzuwachs richtiger dadurch dargestellt wird, daß aus der ganzen überhaupt vorhandenen Wertsteigerung dasjenige ausgeschieden wird, was nicht auf der Bodenwerterhöhung beruht.

Auch aus der Gestaltung der Steuertarife sind noch Folgerungen für die Natur des Wertzuwachsbegriffes zu ziehen.

Die in den Steuerordnungen sich findenden Progressionen nach der relativen Höhe des Wertzuwachses, nach der Besitzdauer oder nach der Art der Grundstücke können nur im Hinblick auf die Interessentheorie, d. h. zur besseren Abmessung eines Entgeltes für genossene Vorteile des Grundbesitzes, aufgestellt worden sein. Schon aus diesem Grunde ist anzunehmen, daß sie daher mehr das reale Moment betonen sollen. Wenn dagegen neuerdings einige Steuerordnungen (Lübeck, Hamburg, Berlin) außerdem eine Progression nach der absoluten Höhe des Wertzuwachses aufgestellt haben, so kann darin nur die Absicht einer Besteuerung nach der Leistungsfähigkeit liegen. Für eine Steuerordnung, welche eine Besteuerung nach der Leistungsfähigkeit bewirken will, muß aber das Steuerobjekt möglichst nach der persönlichen Richtung hin ausgebildet sein, muß daher der Gewinn-

[1]) Vgl. darüber auch Pabst, S. 361, und auch Adickes, S. 97 und S. 98.

charakter des Wertzuwachses stärker betont werden. — Eine besonders deutliche Ausbildung der Opfertheorie und des Gewinncharakters liegt in der von der Reichstagskommission in den § 1 des Reichsgesetzentwurfes hineingebrachten Vorschrift, nach der Höhe des **Einkommens** des **Veräußerers** für die Frage der Steuerpflicht mit berücksichtigt werden soll.

Es bleibt sodann noch die Frage offen, inwieweit es durch die angeführten Vorschriften der indirekten Steuerordnungen wirklich erreicht wird, daß aus der ganzen Wertsteigerung eines Grundstücks der verdiente Wertzuwachs in voller Höhe ausgeschaltet wird, so daß nur der **unverdiente** übrig bleibt. Verdient ist der Wertzuwachs, der auf Kapital und Arbeit zurückzuführen ist. Hinsichtlich des auf Kapitalsverwendung zurückgehenden Teiles sahen wir nun mehrfach, daß die Berücksichtigung dieses Teiles zwar erstrebt wird, in einwandfreier Form aber nicht erfolgen kann. Es kann ebenso gut vorkommen, daß ein Mehr an Kapitalaufwand abgezogen werden darf, als in dem jetzigen Werte enthalten ist, wie es umgekehrt möglich ist, daß nicht der volle jetzige Wert der seinerzeit geschaffenen Verbesserung abgezogen werden darf, nur weil diese damals nicht mehr „gekostet" hat. Der durch — geistige und körperliche — Arbeit geschaffene Teil des jetzigen Wertes wurde bis vor kurzem nach keiner Steuerordnung aus dem gesamten Mehrwert ausgesondert, also ganz wie unverdienter Wertzuwachs behandelt. Neuerdings wird zwar der Versuch hierzu gemacht (Berlin und Reichsgesetzentwurf, zweite Lesung, § 10 Ziff. 4 : 5 %), aber so schüchtern, daß die Besteuerung des durch Arbeit verdienten Wertzuwachses fast völlig bestehen bleibt. — Übrigens **konnte** dieser Versuch nicht anders ausfallen, denn es wird praktisch nie möglich sein, festzustellen, welchen Wert das Produkt einer vor Jahren geleisteten Arbeit jetzt noch hat[1]).

Es wäre daher nur recht und billig, die noch immer aufrecht erhaltene **Fiktion**, unsere indirekten Steuerordnungen besteuerten den **unverdienten** Wertzuwachs, die reinen, mühelosen Konjunkturgewinne, endlich aufzugeben.

---

[1]) Es erscheint diesen Schwierigkeiten gegenüber doch wohl zu optimistisch, wenn **Wagner** (S 582) sagt, die Zerlegung des Preises in die drei Bestandteile: 1. durchlaufender Wert, 2 Werterhöhung durch Melioration und Kapitalsaufwand und 3 Werterhöhung durch Konjunktur würde für die Steuertechnik kein so schwieriges Problem sein

Nach dem bisher Gesagten wird es begreiflich sein, daß Verfasser von einer genauen Definition des Wertzuwachsbegriffes, wie er für die indirekte Steuerform herausgebildet ist, absehen muß. Der innere Grund hierfür liegt in der bei den verschiedensten Vorschriften zutage tretenden Verbindung des subjektiven, persönlichen Tatbestandes mit dem mehr objektiven, realen und in der Unmöglichkeit, ein diesen Tatbeständen entsprechendes Steuerobjekt im Sinne des wirklich unverdienten Wertzuwachses herauszubilden. Die Verbindung beider Momente, des realen und des persönlichen, ist unnatürlich. Die beiden Fragen: Was habe ich bei einem Grundstücksgeschäft verdient? und zweitens: Wie groß ist derjenige Teil der Wertsteigerung eines Grundstückes, der allein auf die Werterhöhung des Grund und Bodens zurückgeht? sind so verschieden, daß ein Begriff, der beiden Fragen gerecht wird, nicht konstruiert werden kann. Die Merkmale, die für den der einen Frage entsprechenden Begriff passen würden, sind unvereinbar mit denen, die in dem anderen Begriff vorhanden sein müßten. Und überdies ist die Frage der Darstellung des unverdienten Wertzuwachses praktisch überhaupt unlösbar.

Es wird daher zur Feststellung des Grundgedankens der Wertzuwachsbesteuerung wie er durch die indirekte Steuerform verwirklicht werden soll, auf die Literatur zurückgegriffen werden müssen. Auch diese gibt aber fast ausnahmslos nur das Ziel an und nicht den Weg, auf dem es erreicht werden kann; und auch das Ziel nicht einwandfrei klar.

Pabst (S. 363) sagt resigniert, aber zutreffend: „Das theoretisch so schnell konstruierte „unearned increment" kann in der Praxis niemals genau festgestellt werden." Wir finden bei zahlreichen Schriftstellern ganze Abschnitte mit der Überschrift: „Wesen des Wertzuwachses", „Was ist steuerpflichtiger Wertzuwachs" usw.; aber aus dem Inhalt ergeben sich für den Begriff meist nur wenige Worte.

„Wertzuwachs ist die kapitalisierte Grundrente" (Bredt, S. 11). „Wertzuwachs ist der durch allgemeine Umstände herbeigeführte Bestandteil eines gegenwärtigen Verkaufswertes" (Boldt, S. 56). „Der Teil des gezahlten (reellen) Preises, der nicht in durchlaufendem Wert (dem früher gezahlten Preise) oder in Werterhöhung durch Melioration oder Kapitalsaufwand, sondern in Werterhöhung durch Konjunktur besteht (Wagner, S. 582);

oder auch: „soweit der im Verkauf realisierte Gewinn nicht auf nachweisbare neue Arbeitsleistungen und Kapitalsverwendungen zurückzuführen ist, erscheint er wesentlich als Frucht der Konjunktur, wenn auch evtl. einer solchen, welche durch eine Spekulation absichtlich mit auszubeuten gesucht wurde. Gerade dieser Gewinn muß das Objekt derjenigen Verkehrssteuer werden, welche als Besteuerung des Konjunkturgewinnes fungieren soll.“ (ebenfalls Wagner).

Die Zahl dieser „Definitionen“ ließe sich noch vermehren. Aber nirgends findet sich eine klare und erschöpfende Fassung des Wertzuwachsbegriffes, der bei Grundstücksverkäufen erfaßt werden soll. Die bei weitem meisten Schriftsteller setzen den Begriff des unverdienten Wertzuwachses nicht nur als bekannt, sondern auch als praktisch darstellbar voraus.

Übrigens genügen diese Definitionsversuche in Verbindung mit den geltenden Steuerordnungen und den in der Literatur sich findenden „Rechtfertigungen“ der Steuer immerhin, um den steuerlichen Grundgedanken der Wertzuwachsbesteuerung festzustellen. Es zeigt sich dann die übrigens durchaus natürlich erscheinende Tatsache, daß der oben näher geschilderten Duplizität des Wertzuwachsbegriffes, wie er praktisch ausgebildet ist, auch eine Duplizität der Rechtfertigung, der Begründung nach den Steuerprinzipien entspricht, und zwar eine Duplizität, deren beide Seiten ebenso unvereinbar, ja noch gegensätzlicher sind als die objektiv-reale und die subjektiv-persönliche Seite des Wertzuwachsbegriffes.

Abgesehen von den zahlreichen Begründungen in Stadtverordneten-Vorlagen über Wertzuwachssteuer findet sich diese doppelte Rechtfertigung am deutlichsten bei Boldt[1]). Er führt aus, daß die Städte zu den großen Werterhöhungen des Bodens in den meisten Fällen durch ihre Veranstaltungen, wie Erschließung des Terrains, Anlegung von Straßen, Kanalisation, Anlegung von Stadtparks, Erschließung entlegener Terrains durch neue Straßenbahnlinien usw. wesentlich mit beigetragen haben. Deshalb sei es nur gerecht, durch die Wertzuwachssteuer einen Teil der ohne Zu-

[1]) Die gleiche Duplizität der Begrundung finden wir bei Kumpmann, ferner bei Conrad, Finanzwissenschaft, IV. Aufl. 1906, S. 197, Glucksmann, Referat auf dem Brandenburgischen Städtetage 1909, Stier-Somlo, S. 22 und 27, und sogar bei Wagner, S. 439.

tun des Eigentümers erfolgten Wertsteigerung für sich in Anspruch zu nehmen. Diese Besteuerung entspreche auch ganz besonders dem im Kommunalabgabengesetz eingeführten Prinzip der Besteuerung nach Leistung und Gegenleistung, nach dem Interesse, welches die Grundstücksbesitzer an den Veranstaltungen der Gemeinde haben. Daneben aber stellt er dann das zweite Steuerprinzip: Die Besteuerung der großen Gewinne entspreche aber auch in hervorragendem Maße einer Besteuerung nach dem Grundsatze der Leistungsfähigkeit, welcher im preußischen Staatseinkommensteuergesetz zur Geltung gebracht sei und durch die meist hohen kommunalen Zuschläge zur Staatseinkommensteuer auch für die Gemeindebesteuerung Anwendung finde. — Daher sei die Wertzuwachssteuer auch im Interesse einer Besteuerung nach der Leistungsfähigkeit einer hohen steuerlichen Belastung des aus Arbeit und gewerblicher Tätigkeit fließenden Einkommens weit vorzuziehen, da hierdurch am härtesten die kleineren und mittleren Einkommen getroffen würden.

Bevor wir uns für die eine oder die andere Begründung entscheiden, ist noch kurz auf die bereits angedeutete Unhaltbarkeit des Nebeneinanders der beiden Prinzipien einzugehen[1]).

Aus dem oben S. 10 ff. Gesagten ergibt sich unschwer, daß das Interessenprinzip, weil es Beziehungen zwischen bestimmten Aufwendungen und bestimmten Vorteilen einzelner Klassen von Steuerpflichtigen voraussetzt, nur verwirklicht werden kann mit Hilfe eines Steuerobjektes, dessen Merkmale zugleich auch die Merkmale für die Zugehörigkeit zu der betreffenden begünstigten Klasse enthalten, also z. B. bei einer angenommenen Begünstigung der Grundbesitzer eben der Grund und Boden und seine wirtschaftlichen Beziehungen. Das Interessenprinzip fordert also begrifflich die Beschränkung auf bestimmte, besonders

[1]) Wenn jetzt durch das sog. Deklarationsgesetz der Versuch gemacht werden soll, die Leistungsfähigkeit auch innerhalb der Realsteuern mehr zu berücksichtigen, so wäre dieser Gedanke für die staatlichen Realsteuern mehr berechtigt gewesen, er hätte aber auch dort nur erreicht werden können durch eine Belastung des gesamten Besitzes. Für die kommunalen Realsteuern kann jene Absicht nur geeignet sein, deren Ausbildung und Weiterentwicklung zu erschweren; es sei denn, daß die Abstufung der Steuersätze in Anlehnung an das Gesamteinkommen oder -vermögen erfolgt (vgl. Adickes, S. 44 ff., insbesondere S. 50 und 55).

interessierte Ertragsquellen und damit deren Loslösung von der Person und ihren sonstigen wirtschaftlichen Verhältnissen. Die Opfertheorie geht umgekehrt von der Gesamtleistungsfähigkeit einer Person aus und wendet sich damit an die Gesamtheit ihrer wirtschaftlichen Güter, am besten an ihr Gesamteinkommen; sie schließt begrifflich die Beschränkung auf einzelne Teile des Vermögens oder Einkommens aus, weil je nach dem Danebenbestehen von weiterem Einkommen oder von Verlust, von weiterem Vermögen oder von Schulden, die Empfindung des geleisteten Opfers eine verschiedene sein muß. — Aus dieser Gegensätzlichkeit erhellt dann auch ohne weiteres, daß für beide Prinzipien nicht ein einheitliches Steuerobjekt gefunden werden kann, und daß ein einmal gegebenes Steuerobjekt nur im Sinne des einen der beiden Prinzipien zu einer gerechten, d. h. gleichmäßigen Steuerverteilung führen, also auch nur mit einem der beiden Prinzipien gerechtfertigt werden kann.

Nach dem oben S. 16 Gesagten kann es nun aber weiterhin nicht zweifelhaft sein, daß der Wertzuwachs, mag er nun mehr nach der realen Seite oder mehr im Sinne der Gewinnbesteuerung ausgebildet sein, schon allein aus dem Grunde mit der Besteuerung nach der Leistungsfähigkeit nichts zu tun haben kann, weil er das Gesamteinkommen nicht berücksichtigt.

Gleichwohl wird die Steuer auch z. B. von Pabst auf das Prinzip der Leistungsfähigkeit, und zwar nur darauf gestützt. Nach ihm rechtfertigt dieses Prinzip die Steuer „ohne weiteres"; eine nähere Begründung fehlt, abgesehen etwa von dem Hinweis, daß die Steuerpraxis die Mühelosigkeit des Erwerbes bezw. den Mangel entsprechender Gegenleistungen auch sonst bereits berücksichtige. Dies beweise aufs deutlichste die Progression des Steuerfußes der Erbschaftssteuer nach dem Grade der Verwandtschaft. Nun wird aber die Erbschaftssteuer vielfach mit dem Interessenprinzip gerechtfertigt (vgl. auch Bredt, S. 50—51), und von diesem Standpunkt aus erklärt sich die erwähnte Art der Progression unschwer mit der Erwägung, daß die vom Staate gewährleistete Ordnung und Sicherheit beim Übergang des Eigentums um so stärker und wertvoller erscheint, je entferntere Beziehungen der Erbe zur Erbschaft hatte. — Jedenfalls kann Pabst mit diesem Hinweis die Wertzuwachssteuer nicht auf die Opfertheorie gründen (vgl. ferner Pr. Verw.-Bl. Jahrg. 30, S. 520).

Mit der Opfertheorie ist dann aber zugleich auch die Begründung der Wertzuwachssteuer auf das Moment der Mühelosigkeit des Erwerbes abgelehnt. Denn diese Mühelosigkeit ist, für sich allein betrachtet, überhaupt kein besonderes Steuerprinzip der gerechten Steuerverteilung. Auch Wagner leitet aus dem Gedanken der größeren Mühelosigkeit erst die hohere Leistungsfähigkeit ab, freilich nur mit Hilfe des sozialpolitischen Steuerzweckes. Aber selbst bei Annahme eines solchen Zweckes versagt die Opfertheorie für die Wertzuwachssteuer[1]). Denn bei Annahme eines solchen Zweckes würde es die Aufgabe der Steuer sein müssen, in die Einkommensverteilung korrigierend einzugreifen, und zwar mit dem Ziele der Verhinderung großer Einkommen. Dabei ist zweierlei zu unterscheiden. Entweder betrachtet man die großen Einkommen als solche im Ergebnis und will sie nur wegen ihrer Höhe vermindern. Dann kann es nicht darauf ankommen, wie sie entstanden sind, und es müßte daher das Gesamteinkommen als solches mit einer stark progressiven Steuer belegt werden. Oder aber man betrachtet mehr die Art der Entstehung und behandelt einen Teil des Einkommens deshalb besonders, weil er unverdienter Konjunkturgewinn aus Grundstücksspekulationen ist. Alsdann würde aber dessen höhere Besteuerung doch nur gerechtfertigt sein, falls der Grundstückshandel durchweg oder überwiegend volkswirtschaftlich schädlich wäre, was nicht zugegeben werden kann[2]). Da wir aber die Berechtigung des sozialpolitischen Steuerzweckes als Selbstzweck einer Steuer überhaupt abgelehnt haben, so erübrigt sich auch eine nähere Untersuchung über die Produktivität des Grundstückshandels.

Hinsichtlich des nunmehr allein übrig bleibenden Interesseprinzips ist zunächst auf die eingehende und scharfsinnige, die wichtigsten Einwände zurückweisende Erörterung von Stier-Somlo (S. 22 ff.) hinzuweisen. Es ist in der Tat ganz unabweisbar richtig, daß dort, wo der Einfluß der Veranstaltungen öffentlich-

---

[1]) Soweit man eine Steuer lediglich vom sozialpolitischen Gesichtspunkt aus betrachtet, und etwa der Wertzuwachssteuer in erster Linie die Aufgabe zuweist, prohibitiv oder doch erschwerend auf den Grundstückshandel einzuwirken, hat die Frage nach den Prinzipien der gerechten Steuerverteilung naturlich uberhaupt keinen Raum. Vgl Pabst, S. 354—355

[2]) Auch hier trete ich vollstandig den Ausfuhrungen von Diehl (vgl. S. 734) bei.

rechtlicher Gemeinwesen und der durch sie ermöglichten Entwicklung zur Werterhöhung von Grundstücken geführt hat — und das ist heute in allen Ländern mit fortschreitender Kultur und Bevölkerungsvermehrung der Fall —, daß dort eine nach dieser Werterhohung bemessene Steuerleistung als gerecht bemessenes Entgelt für diese besonderen Vorteile empfunden werden wird. (Vgl. auch Strutz, S. 36.)

Deshalb würde es aber noch nicht richtiger sein, an Stelle dieser Steuer einen Beitrag im Sinne des § 9 des Kommunalabgabengesetzes, die sogenannte Bettermentabgabe, zu erheben, was Bredt (S. 57) fordert. Denn Beiträge sind nicht nur nach dem geltenden Rechte des Kommunalabgabengesetzes, sondern auch ihrer streng entgeltlichen Natur nach beschränkt auf die Deckung der Kosten solcher einzelnen Einrichtungen der Gemeinden, deren Vorteile für ganz bestimmte Grundbesitzer und Gewerbetreibende zahlenmäßig errechenbar sind. Sie versagen dagegen in denjenigen Fällen, in denen zwar unbestreitbar das Zusammenwirken verschiedener, oft sehr zahlreicher Einrichtungen des Staates und der Gemeinden für bestimmte Klassen besondere und auch deutlich wahrnehmbare Vorteile hat, in denen aber eine zahlenmäßige Feststellung der Größe dieser Vorteile nicht genau genug möglich ist, um an die Stelle der Steuerleistung einen Preis treten zu lassen. Von der Gebühr aber wird mit Recht die annähernd zahlenmäßige Berechnung der Beziehung zwischen Nutzen und Last erwartet.

Während aber Stier-Somlo, wie bereits erwähnt, neben dem Interesseprinzip die Leistungsfähigkeit ins Feld führt, stützen von Heckel und Strutz die Steuer mit vollem Recht nur auf das Interessenprinzip[1]). Ich schließe mich ihnen durchaus an und stelle fest, daß der Gedanke der Wertzuwachsbesteuerung seine einzige Begründung, seine einzige Rechtfertigung in dem Interessenprinzip findet.

Daraus folgt dann die Notwendigkeit, das Steuerobjekt — für dieses Steuerprinzip — in möglichster Beschränkung auf diejenigen Beziehungen auszubilden, an denen die Höhe der Auf-

[1]) Vgl. Heckel, Finanzwissenschaft, 1907, S. 444, und Strutz, S. 36 ff.

wendungen der Gemeinde oder des Staates gemesssen werden können, also unter möglichster Beschränkung auf den realen Wertzuwachs des Grund und Bodens selbst und unter möglichster Loslösung von allem Persönlichen.

Die vollständige Loslösung von der Person kann aber nur dann stattfinden, wenn man den Wertzuwachs nicht für die Dauer der Besitzzeit einer bestimmten Person ermittelt, und überhaupt nur unter der Voraussetzung, daß diese Person ihr Grundstück jetzt veräußert hat, sondern unabhängig von der Person des Eigentümers für eine bei allen Grundstücken derselben Art gleichlange Zeit[1]). Dieser Gedanke führt dann notwendig zur Realsteuer und damit zur direkten Wertzuwachssteuer. — Übrigens gehe ich nicht so weit wie Bredt (S. 50—51), der in schwer widerlegbarer Deduktion nachweist, daß die Wertzuwachssteuer gar keine indirekte Steuer sein könne: Die Form der Umsatzsteuer könne als eine auf den Rechtsverkehr gelegte Steuer nur mit dem besonderen Interesse an bestimmten öffentlichen Einrichtungen, die einen sicheren Rechtsverkehr ermöglichten, gerechtfertigt werden. Dieses Interesse aber bemesse sich nur nach dem Werte zur Zeit des Verkaufes und nicht nach dem Wertzuwachs. Sobald man diesen Grundsatz aufgebe, wie in den heutigen Wertzuwachssteuerordnungen, bleibe eigentlich nur der Name, nicht aber das Wesen einer indirekten Steuer erhalten.

Es wird nunmehr zunächst der Wertzuwachsbegriff zu erörtern sein, wie er in den direkten Steuerordnungen, in den Entwürfen zu ihnen und in der Literatur Ausdruck gefunden hat. Daraus wird sich ergeben, ob dieser Wertzuwachsbegriff einheitlicher und bestimmter definiert und für die Ermittlung des Grundgedankens der Wertzuwachssteuer sowie für die Praxis besser verwertet werden kann als derjenige der indirekten Wertzuwachsteuer.

Einen Vorläufer der direkten Wertzuwachssteuer hat man in der Bauplatzsteuer nach § 27, Abs. 2 des Kommunalabgabengesetzes zu sehen. Die Werterhöhung, welche das Objekt dieser

---

[1]) Vgl. meine Gegenüberstellung im Preußischen Verwaltungsblatt, Jahrg. 31, S. 187.

Art von Wertzuwachssteuer war, war jedoch wesentlich beschränkter als das der heutigen Wertzuwachssteuerordnungen, indem es nur in derjenigen Werterhöhung bestand, die durch die Festsetzung von Baufluchtlinien verursacht ist, also nur auf eine einzige Art von Tätigkeit der Gemeinden zurückging und überdies auf eine solche, die nur in ganz geringem Maße Kosten verursachte[1]).

Sodann würde hierher gehören als einzige geltende direkte Steuerordnung die Verordnung betreffend den Landerwerb im deutschen Kiautschou-Gebiete vom 2. September 1898, deren § 7 wie folgt lautet: „Bei Grundstücken, die innerhalb von 25 Jahren den Eigentümer.... nicht gewechselt haben, behält sich das Gouvernement die Auflage eines besonderen einmaligen Abgabe vor.“ Nach § 6 der Verordnung beträgt diese Abgabe $33^1/_3\%$ der Bodenwertssteigerung, die durch eine Kommission im Wege der Schätzung zu ermitteln ist.

Im übrigen sind direkte Wertzuwachssteuern noch nicht eingeführt worden. Auch im Auslande nicht; doch sind in Norwegen und in Kopenhagen sehr beachtenswerte Entwürfe zu solchen Steuerordnungen veröffentlicht worden[2]).

In der Literatur ist die Möglichkeit und Zweckmäßigkeit der direkten Wertzuwachssteuer besonders von Robert Meyer, Adickes, Fr. J. Neumann, Pabst, Levi und Pohlmann be-

---

[1]) Ein der Bauplatzsteuer verwandter Gedanke, der allerdings in eine, wie mir scheint, praktisch durchführbarere Form gekleidet ist, liegt der Steuerordnung zugrunde, welche kürzlich anläßlich der Entfestigung in Königsberg erlassen wurde. Es wird nämlich dort angenommen, daß durch die Beseitigung des Festungsgürtels die im ersten und zweiten Rayon gelegenen Grundstücke etwa gleichmäßig im Werte steigen, und sie werden deshalb mit einer für die beiden Rayons verschieden hohen Vorsteuer (Zuschlage von 8 ‰ und 4 ‰ des gemeinen Wertes) belegt. Der Unterschied gegenüber der Bauplatzsteuer liegt einmal darin, daß hier die Stadt für den Erwerb der Enceinte 29 Millionen ausgegeben hat, während die Fluchtlinienpläne nichts kosten, und sodann darin, daß es für die Veranlagung der Steuer nicht erforderlich wird, die infolge der Entfestigung eingetretene Werterhöhung des einzelnen Grundstücks besonders zu ermitteln, sondern diese wird — abgesehen von der Staffelung nach den beiden Rayons — als für alle Grundstücke relativ gleich angenommen. Übrigens wird der Zuschlag nicht nach dem Betrage der Wertsteigerung, sondern nach dem gemeinen Werte bemessen.

[2]) Vgl. bei Stier-Somlo, S. 49, und „Bodenreform“, 1907, Nr. 20, und 1908, Nr. 14 und 16.

sprochen worden[1]). Pabst fordert die direkte Steuerform nur für den bebauten Grundbesitz. Sodann bin ich selbst in einem Aufsatze im Preuß. Verwaltungsblatt (Jahrgang XXX, S. 517 ff.) für diese Steuerform eingetreten und habe auch den Entwurf einer direkten Wertzuwachssteuerordnung veröffentlicht (daselbst, Jahrgang XXXI, S. 326 ff.; vgl. auch daselbst S. 187 f.).

Da die übrigen erwähnten Schriftsteller den Wertzuwachsbegriff, wie sie ihn für die praktische Durchführung der direkten Steuerform denken, nur in mehr oder minder deutlichen Umrissen darstellen, und da diese Umrisse sich mit dem von mir in dem Entwurf einer Steuerordnung (vgl. unten S. 81 ff.) ausgebildeten Wertzuwachsbegriff im wesentlichen decken, so lege ich in den weiteren Teilen der Arbeit diesen Begriff zugrunde.

Steuerpflichtiger Wertzuwachs soll diejenige Werterhöhung eines Grundstücks sein, die innerhalb eines für alle Grundstücke derselben Art gleich langen Zeitraumes stattgefunden hat, und die nicht als Gegenwert für eigene Kapitalverwendung, sondern als Folge der eigenen Arbeits- und Unternehmertätigkeit, als Folge der Aufwendungen der öffentlichen Verbände und als Folge des Vorhandenseins der gegenwärtigen Wirtschafts- und Rechtsordnung (der Konjunktur) erscheint. — Die von diesem Wertzuwachs zu erhebende Steuer wird — in Raten — als Zuschlag zur Grundsteuer auf eine bestimmte Periode verteilt. Für die nähere Ausgestaltung dieses Wertzuwachsbegriffs für die Praxis ist hier auf die (unten S. 85 ff.) noch folgende Besprechung des Entwurfes einer Steuerordnung zu verweisen.

Daß der hier definierte Begriff ein rein realer ist, wird näherer Erläuterung nicht bedürfen; es ergibt sich insbesondere schon daraus, daß der Zeitraum, dessen Länge für die Berechnung der Werterhöhung maßgebend sein soll, von der Person des Besitzers völlig losgelöst und für alle Grundstücke gleich lang ist; ferner daraus, daß unter allen Umständen der Wert und nicht

---

[1]) Robert Meyer, Prinzipien der gerechten Besteuerung, S. 361 ff. Adickes, S. 93 und besonders S 107, Neumann, Zur Gemeindesteuer-, reform in Deutschland, Tubingen, 1895, S. 35 ff , Pabst, S. 366 ff , Levi, Bodenreform, 1908, Heft 14 und Pohlmann, daselbst, Heft 16 Auf die beiden letztgenannten Autoren sei hier besonders auch deshalb hingewiesen, weil ich an mehreren Stellen der Arbeit ihre Gedanken auch vertrete oder erweitere — auch einschranke —, ohne die beiden Aufsatze immer anzuführen.

der von dem zufälligen Eigentümer zufällig erzielte Preis maßgebend ist. Der Ausgangspunkt für die Errechnung des Wertzuwachses ist der Unterschied zwischen zwei für verschiedene Zeitpunkte ermittelten Werten.

Bei diesem in seinen Grundzügen wohl klaren Begriff bedarf es an dieser Stelle nicht — wie oben bei dem Wertzuwachs der indirekten Steuerform — einer näheren Untersuchung darüber, in welcher Weise und mit Hilfe welcher „Abzüge" der steuerpflichtige Wertzuwachs aus der ganzen Werterhöhung herausgerechnet wird; sondern es genügt die Aufstellung der Forderung, daß diese Abzüge so gestaltet werden müssen, daß sich der oben definierte Begriff ergibt. — Im Gegensatz zu der indirekten Wertzuwachssteuer, bei der diese Forderung deshalb nicht aufgestellt werden konnte, weil weder der Begriff des Steuerobjektes noch das Steuerprinzip, dem er dienen sollte, unzweideutig festzustellen war.

Für die direkte Wertzuwachssteuer steht nicht nur der Wertzuwachsbegriff, sondern auch der ihm zugrunde liegende Gedanke, das ihn beherrschende und rechtfertigende Steuerprinzip fest. Dieses Prinzip ist das gleiche, das wir für die indirekte Steuerform schließlich als das allein richtige anerkannt hatten, das Interessenprinzip. Auch bei der direkten Wertzuwachssteuer ist eben der maßgebende und die Steuer eigentlich stützende Gedanke der, daß ein großer Teil der Aufwendungen und Tätigkeiten der Gemeinden und des Staates dem Grundbesitz mehr als andere Klassen von Steuerpflichtigen zugute kommt und durch die Fürsorge für den Grundbesitz veranlaßt ist. Dabei erhebe ich für die direkte Wertzuwachssteuer nicht den Anspruch, nur den „unverdienten" Wertzuwachs besteuern zu wollen. Aber es fällt damit nichts als ein Schlagwort, eine Fiktion, ein rein theoretischer Begriff fort, dessen praktische Gestaltung auch der indirekten Wertzuwachssteuer bisher keineswegs gelungen ist und auch nie gelingen kann. Die Unmöglichkeit eine Wertsteigerung in mehrere Teile zu zerlegen nach ihren Ursachen (menschliche Arbeit, Kapital, gemeindliche und staatliche Tätigkeit und allgemeine wirtschaftliche Einwicklung) und dann das Verhalten dieser einzelnen Teile unter der Einwirkung der eigentlich entscheidenden Wertfaktoren der Seltenheit und der Dringlichkeit des Bedürfnisses zu kontrollieren, sei nur nochmals betont (vgl.

oben S. 31). Ergänzend sei auf die kurzen, aber klaren Ausführungen von Adolf Weber hingewiesen (vgl. S. 141 bis 143), insbesondere auf folgenden Satz: „Der Teil, welcher bei jedem menschlichen Werke der Gesamtheit gehört, ist unbestimmbar, und der Versuch, ihn zu messen, würde dem Problem gleich sein, „entscheiden zu wollen, welche Hälfte einer Schere beim Schneiden mehr zu tun habe, oder welcher von den Faktoren 5 und 6 am meisten zu der Summe 30 beitrage" (J. St. Mill). ... Zwischen dem regelmäßigen unverdienten Wertzuwachse und dem außerordentlichen kann nur ein quantitativer, kein qualitativer Unterschied bestehen."

Demgegenüber könnte eine Inkonsequenz darin gesehen werden, daß der Gegenwert für Kapitalsaufwendungen aus der ganzen Wertsteigerung ausgeschieden werden soll, trotzdem, wie wir bereits sahen, auch dies praktisch nicht möglich ist. Es ist jedoch nicht zu verkennen, daß die Berücksichtigung der Kapitalsaufwendungen noch sehr viel leichter und gleichmäßiger durchführbar ist als die der Arbeitstätigkeit. Die Ausscheidung des Gegenwertes für „Arbeit" ist bis vor kurzem nicht einmal versucht worden. Erst die Reichstagskommission hat sich an diese Aufgabe herangewagt und eine Losung im § 10, Ziff. 4 und § 20 Absatz 3 vorgeschlagen, die aber als eine solche nicht anerkannt werden kann. Wie sollen feste Prozentsätze des aufgewandten Kapitals den tausendfachen Abstufungen des Produktionsfaktors „Arbeit" gerecht werden?! (Vgl. auch Weber, Referat, S. 33 und 48.)

Ein innerer Unterschied zwischen dem Wertzuwachs der direkten und der indirekten Steuerform besteht also jedenfalls nicht darin, daß die erstere nicht den Anschein zu erwecken versucht, sie treffe nur den unverdienten Wertzuwachs, sondern daß bei ihr zugegeben wird, daß sie den durch „Arbeit" verdienten Wertzuwachs mit erfaßt.

Freilich wird die indirekte Wertzuwachssteuer als eine Besteuerung nur des „unverdienten" Wertzuwachses noch mit einem anderen Gedanken gerechtfertigt: In demjenigen Teile der Werterhohung, der nach Ausscheidung des durch Kapitalsverwendung entstandenen Teiles noch übrig bleibt, sei zwar — vielleicht und vielfach — noch ein Verdienst durch Arbeit enthalten; aber dieser Teil brauche nicht erst besonders ausgeschaltet zu werden, indem dies dadurch geschehe daß die Steuer ja nur einen geringen Prozentsatz fordere, so daß anzunehmen sei, der wirklich verdiente Wertzuwachs bleibe steuerfrei. Dabei wird aber völlig übersehen, daß dann der wirklich unverdiente Wertzuwachs ohne jeden Grund ganz verschieden hoch besteuert wird, je nach der Größe des Teiles, den man sich als Arbeitsverdienst wegdenken darf. Mit einem derartigen Gedanken wäre daher die Wertzuwachssteuer als gleich und gerecht wirkende Steuer völlig gerichtet. — Dieser Gedankengang würde — z. B. auf die Ertragssteuern übertragen — dazu führen, daß man sagt: die Ermittlung des Ertrages aus einer bestimmten Ertragsquelle ist zu schwierig; er ist aber jedenfalls in dem Gesamteinkommen enthalten. Daher wähle ich dieses als Bemessungsgrundlage, als Steuerobjekt, berücksichtige aber die Fiktion dadurch, daß ich den Steuersatz niedriger wähle. — Auch rein terminologisch betrachtet ist dies eine Unmöglichkeit; denn Steuerobjekt kann immer nur dasjenige sein, worauf der Steuersatz mittels der Steuereinheit Anwendung findet, nicht aber ein nur eingebildeter Teil des Begriffes, der als Bemessungsgrundlage tatsächlich fungiert, in den Steuerordnungen umschrieben ist und bei der Veranlagung ermittelt werden muß.

Auf gewisse Analogien, die das Steuerobjekt der direkten Wertzuwachssteuer zum „Ertrage" zeigt, ist unten (vgl. S. 91 ff.) noch näher einzugehen. Andererseits ergeben sich grundsätzliche Verschiedenheiten von diesem Begriffe, insbesondere die prinzipielle Behandlung von Vermögenswertsteigerungen als Ertrag und die sich hieraus wieder ergebende Notwendigkeit, das aufgewandte Anlagekapital einschließlich des für Verbesserungen aufgewandten aus der ganzen Vermögensvermehrung auszuscheiden.

Endlich bliebe auch für die direkte Wertzuwachssteuer noch die Frage offen, ob nicht an ihrer Stelle richtiger die Bettermentabgabe erhoben würde. Diese Frage ist aber aus denselben Gründen zu verneinen wie oben bei der indirekten Steuerform.

Nachdem nunmehr für beide Steuerformen das Steuerobjekt im allgemeinen und der mit seiner Hilfe verfolgte steuerliche Grundgedanke — bei der indirekten Steuer so gut es möglich war — festgestellt worden ist, sind beide Steuern auf ihre praktische Brauchbarkeit nach den vier Arten von Steuerprinzipien näher zu prüfen.

III. Die — indirekte — Wertzuwachs-Umsatzsteuer.

Für eine vollständige Würdigung der indirekten Wertzuwachssteuer würde eine Betrachtung ihrer geschichtlichen Entwicklung sehr wertvoll sein. Diese Betrachtung würde aber bei der großen Zahl der einzelnen Streitpunkte und bei dem Umfang der Literatur einen Raum einnehmen müssen, für den der Rahmen dieser Schrift nicht ausreichen würde.

Wir beschränken uns daher auf eine Besprechung der wichtigeren Vorschriften der typischen modernen Steuerordnungen[1]).

Die Steuerplicht schließt sich an den Übergang von Grundeigentum oder an den Abschluß des Veräußerungsvertrages über ein Grundstück an. Der freiwilligen Veräußerung steht der Erwerb im Wege der Zwangsversteigerung meist gleich. Daneben hat aber die Notwendigkeit, Steuerumgehungen vorzubeugen, dazu geführt, die Steuerpflicht noch an zahlreiche andere Rechtsvorgänge zu knüpfen.

Nach dem — insoweit bisher unverändert gebliebenen — Reichsgesetzentwurf (§ 2, Abs. 3) sind als die Steuerpflicht begründende Rechtsgeschafte auch anzusehen:

1. die Übertragung der Rechte der Erwerber aus Veräußerungsgeschäften,
2. die Übertragung von Rechten aus Anträgen zur Schließung eines Veräußerungsgeschäftes, die den Veräußerer binden, sowie aus Verträgen, durch die nur der Veräußerer zur Schließung eines Veräußerungsgeschäftes verpflichtet wird,
3. nachträgliche Erklärungen des aus einem Veräußerungsgeschäfte berechtigten Erwerbers, die Rechte für einen Dritten erworben oder die Pflichten für einen Dritten übernommen zu haben,
4. die Abtretung der Rechte aus dem Meistgebot und die Erklärung des Meistbietenden, daß er für einen anderen geboten habe,

[1]) Die rechtliche Zulässigkeit dieser Steuer ist nicht zweifelhaft. In Preußen insbesondere ist die Gultigkeit solcher Gemeindesteuerordnungen auch vom Oberverwaltungsgericht in mehreren Entscheidungen anerkannt worden Dabei ist auch ausgesprochen, daß derartige mit dem Augenblick der Veraußerung zur Steuerpflicht fuhrende Steuern als indirekte anzusehen sind.

5. Rechtsgeschäfte, durch die jemand ermächtigt wird, ein Grundstück oder eine Berechtigung ganz oder teilweise auf eigene Rechnung zu veräußern.

Nach § 3 daselbst steht dem Übergange des Eigentums an Grundstücken gleich der Übergang von Rechten an dem Vermögen einer G. m. b. H., einer Kommanditgesellschaft, einer Gewerkschaft, eingetragenen Genossenschaft, eines eingetragenen Vereins oder einer offenen Handelsgesellschaft, wenn zum Gegenstande des Unternehmens einer dieser Gemeinschaften die Verwertung von Grundstücken gehört, und soweit deren Vermögen aus diesen Gegenständen besteht.

Die Vorschriften des § 2 sind teilweise Fortbildungen entsprechender Vorschriften der Gemeindeumsatzsteuern, des preußischen Stempelgesetzes und auch des Reichsstempelgesetzes.

Die eine Steuerpflicht begründenden Rechtsvorgänge sind aber nicht so zahlreich wie in diesen anderen Gesetzen. Die Begründung zum Reichsgesetzentwurf sagt hierzu folgendes: Zweifelhaft kann sein, ob die Entstehung der Steuerpflicht an den dinglichen Rechtsvorgang der Übereignung oder an das obligatorische Veräußerungsgeschäft zu knüpfen ist, oder ob und wie weit etwa die letzteren neben dem Eigentumsübergang als die Steuerpflicht begründende Vorgänge in Betracht zu ziehen sind. Der Übergang des Eigentums tritt — insbesondere beim gesetzlichen Regelfalle des freiwilligen Güterumsatzes durch die Auflassung und Eintragung — mehr als die obligatorischen Veräußerungsverträge in die äußere Erscheinung und eignet sich daher für die steuerliche Erfassung im besonderen Maße. Zudem wird regelmäßig der Kaufpreis erst beim Übergange des Eigentums, entrichtet und damit der Veräußerer in die Lage versetzt, aus dem Kaufpreis die Zuwachssteuer zu entrichten. Die Beschränkung der Steuerpflicht auf den Eigentumsübergang birgt indessen ..... unverkennbar die Gefahr, daß der spekulative Grundstücksverkehr mehr noch als bisher sich damit begnügen wird, im Wege des obligatorischen Veräußerungsgeschäftes die Grundstücke von Hand zu Hand zu übertragen und die förmliche Übertragung des Eigentums erst dann vorzunehmen, wenn dies zur Wahrnehmung des grundbuchlichen Eigentumsrechts unerläßlich ist. Das würde der in dem öffentlichen Glauben des Grundbuchs angestrebten Rechtssicherheit abträglich sein und die Entrichtung der Steuer nicht selten weiter hinausschieben, als im Interesse der Steuerveranlagung und -erhebung gelegen ist. Andererseits würde das Veranlagungsverfahren über das zulässige Maß an Umfang zunehmen, wenn zum Gegenstande der Besteuerung in gleicher Weise wie bei der Abgabe aus Tarifnummer 11 des Reichsstempelgesetzes jeder obligatorische Veräußerungsvorgang genommen wird. Ein solcher ist deshalb dem Übergange des Eigentums nur insoweit gleichgestellt, als ihm nicht innerhalb eines Jahres nach seiner Vornahme die förmliche Eigentumsübertragung folgt, wobei, falls inzwischen mehrere derartige Geschäfte vorgenommen worden sind, für die Fristbemessung das erste, für die Abgabefestsetzung das letzte Geschäft maßgebend sein soll (Begr. S. 22, vgl. ferner S. 33 und 34).

Wenn hier also aus Gründen der Vereinfachung der Veranlagung von der Statuierung der Steuerpflicht für obligatorische Veräußerungsgeschäfte abgesehen ist, so könnte dies zunächst nicht unbedenklich erscheinen. Man wird jedoch annehmen dürfen, daß früher oder später auf solche steuerfreien Rechtsgeschäfte auch wieder steuerpflichtige, insbesondere Auflassungen folgen werden, und die Steuerleistung wird alsdann, da die Zwischengeschäfte vielfach zu einer weiteren Verteuerung des Grundstücks führen, zwar hinausgeschoben, aber auch erhöht werden. Ganz unbedenklich ist es, wenn die Frist für diese Hinausschiebung auf höchstens ein Jahr beschränkt wird. Neuerdings haben mehrere Gemeinden — sogar ohne eine solche Frist — die obligatorischen Rechtsgeschäfte freigelassen, offenbar aus der eben angedeuteten Erwägung heraus. Dies ist auch um so unbedenklicher, je vollständiger diese obligatorischen Rechtsgeschäfte von der Umsatzsteuer erfaßt werden.

Dagegen ist auch in den neueren Gemeindesteuerordnungen denjenigen Umgehungen vorgebeugt worden, die — in, wie man annehmen darf, großem Umfange — dadurch erreicht wurden, daß Grundstückseigentum in der Form der Veräußerung von Gesellschaftsvermögen, insbesondere in der Form von Geschäftsanteilen von Gesellschaften mit beschränkter Haftung und offenen Handelsgesellschaften übertragen wurde [1]. Da durch derartige

[1]) Z. B Charlottenburger Steuerordnung § 2: Als Umsatze gelten auch Veränderungen im Personenstande oder in der Beteiligung am Vermogen von G. m b H, Kommanditgesellschaften usw, welche Grundeigentum besitzen.

Machenschaften der Übergang vom Grundeigentum in andere Hände wenn auch nicht rechtlich, so doch tatsachlich möglich ist, ohne daß ein Bedürfnis zu grundbuchlicher Umschreibung entsteht, so war hier ein Abwarten wie bei den sogenannten Zwischengeschäften nicht möglich.

Es erscheint aber fraglich, ob durch die bisher formulierten Vorschriften dieser Art die Umgehungen völlig verhindert sind und ferner, ob für den Fall, daß es nach dem gegenwärtigen Stande der Umgehungstechnik geschehen sein sollte, auch gehofft werden kann, daß auch fernerhin keine neuen wirksamen Umgehungsmethoden zu finden sein werden. Leider ist nicht einmal das erstere der Fall, geschweige denn das letztere.

Eine Umgehung ist auch nach der Fassung des Reichsgesetzentwurfes und nach den modernsten Gemeindesteuerordnungen möglich. Worin sie besteht, habe ich bereits im Jahrgang XXX des Preuß. Verwaltungsblattes, S. 520 gezeigt: A. will von B. ein Grundstück kaufen, um es weiter zu verkaufen. Er gründet mit seiner Frau oder einem Kinde eine G. m. b. H. X., an die das Grundstück zu einem eine Wertzuwachssteuer noch nicht begründenden Preise aufgelassen wird. Vorher hat A. die Geschäftsanteile seines Mitbegründers sämtlich erworben. Er ist nun tatsächlich Eigentümer, rechtlich ist es die G. m. b. H. X. Nunmehr gründet A. — wiederum mit seiner Frau oder einem Kinde oder auch sonst mit einem Strohmann — eine G. m. b. H. Y. mit ganz geringem Gesellschaftskapital. Diese G. m. b. H. Y. erwirbt für einen eine Wertzuwachssteuer noch nicht begründenden Preis die sämtlichen Geschäftsanteile der G. m. b. H. X. Nun ist tatsachlich die G. m. b. H. Y. und damit ihr Inhaber A., rechtlich aber immer noch die G. m. b. H. X. Eigentümerin des Grundstücks. Zur Bewirkung des Weiterverkaufs des Grundstücks an C. veräußert A. nun die sämtlichen Geschäftsanteile der G. m. b. H. Y. Da diese nur Geschäftsanteile besitzt, aber keine Grundstücke (vgl. Charlottenburger Steuerordnung), bzw. „nichtsatzungsgemäß oder tatsächlich den Erwerb oder die Veräußerung oder die Verwertung von Grundstücken bezweckt“ (Berliner Steuerordnung), bzw. „zum Gegenstande ihres Unternehmens nicht die Verwertung von Grundstücken hat“ (Reichsgesetzentwurf), so fällt die Veränderung in ihrem Personenstande oder in der Beteiligung an ihrem Vermögen nicht unter die erwähnten Vorschriften. Die G. m. b. H. X. andererseits besitzt zwar Grundeigentum, aber in ihrem Personenstande oder in der Beteiligung an ihrem Vermögen ist keine Veränderung eingetreten, denn ihr einziger Gesellschafter, der einzige nach wie vor an ihrem Vermögen unverändert Beteiligte ist die G. m. b. H. Y. Es kann daher nunmehr eine unbeschränkte Zahl weiterer Veräußerungen in derselben Weise d. h. durch Veräußerung aller Geschäftsanteile der G. m. b. H. Y. vor sich gehen, ohne daß Wertzuwachssteuer, ja sogar ohne daß Umsatzsteuer zu zahlen ist.

Gegen die praktische Gangbarkeit dieses Umgehungsweges könnte angeführt werden, daß beim Übergang des Grundstückes auf die G. m. b. H. X. — wenigstens wenn der Wert bei der Einbringung oder beim Erwerb maßgebend ist — Wertzuwachssteuer und auch Umsatzsteuer zu zahlen ist und dann noch ein zweites Mal Umsatzsteuer beim Erwerb durch die G. m. b. H. Y. — nämlich weil eine Veränderung im Personenstande der G. m. b. H. X. vorliegt. Die Mehrkosten bestehen also in der zweiten Umsatzsteuer. Diese wird A. aber schon dadurch teilweise wieder einbringen, daß er an C. verkaufen kann, ohne daß dieser jetzt Umsatz- und Wertzuwachssteuer zu zahlen hat. Ja, er verkauft sogar mit der Wirkung, daß auch für künftige Rechtsnachfolger diese Abgaben fortfallen. Dieser Vorteil wird ebenfalls schon jetzt mit eskomptiert werden. Auch hängt die Rentabilität dieser Umgehung mit davon ab, welche weitere Wertsteigerung zu erwarten ist. Die erste Wertzuwachssteuer ist ja — wenigstens wenn der Wert entscheidet (Charlottenburger Steuerordnung) — nicht erspart; aber jede fernere. Diese Art der Umgehung wird daher lohnend — und auch wohl schon üblich — sein bei Terraingesellschaften; die ihren Betrieb beginnen oder neues Gelände hinzukaufen. Gleich beim Erwerb werden für die künftigen einzelnen Baustellen, die möglichst klein bemessen werden, damit eventuell Zusammenlegungen erfolgen können, zahlreiche verschiedene Gesellschaften m. b. H. gebildet. Dann erfolgt die „Aufschließung“ und die Reklame, d. h. die Veröffentlichung derjenigen — angeblichen — Momente, welche jene Gegend als besonders zukunftsreich erscheinen lassen sollen. Daran schließt sich die Bebauung einzelner Grundstücke zur Ermutigung usw und endlich wartet die Gesellschaft noch etwa 3—10 Jahre — im glücklichen Bewußtsein der steigenden und durch keine Wertzuwachssteuer zu beknappsenden Werte —, und dann erfolgt die Veräußerung der Geschäftsanteile der einzelnen G. m. b. H. an die neuen Besitzer, d. h. an weitere Zwischenhändler und Bauunternehmer.

Daß auch die neuesten Steuerordnungen und der Reichsgesetzentwurf dieser Umgehung nicht vorgebeugt haben, weiß ich nur damit zu erklären, daß ein praktisch gangbarer Weg wohl nicht zu finden war. Wenigstens kann der Weg, den die Reichstagskommission in der zweiten Lesung — im § 3 [1]) — vorgeschlagen hat, als praktisch gangbar nicht betrachtet werden. In der jetzigen Fassung beugt jener § 3 dieser Umgehung überhaupt nicht vor, weil der letzte Satzteil auch wieder voraussetzt, daß das Vermögen der Gesellschaften aus Grundstücken besteht. Angenommen aber, der unentbehrliche Inhalt dieses Satzteiles würde in den Satzteil ,,wenn zum Gegenstand des Unternehmens einer dieser Gemeinschaften die Verwertung von Grundstücken oder Berechtigungen gehört" hineingebracht, so daß als einzige Voraussetzung übrig bliebe die Gründung der Gesellschaft, um die Zuwachssteuer zu ersparen, so wäre meines Erachtens damit nicht viel gewonnen. Denn welche Veranlagungsbehörde will dies feststellen? Die Schwierigkeiten bei Erfassung der Spekulationsgewinne im Sinne des Einkommensteuergesetzes würden nichts hiergegen sein. Denn dieser Zweck der Steuerumgehung wird doch weder ausdrücklich ins Statut geschrieben noch bei der Veranlagung zugegeben, sondern im Gegenteil durch alle möglichen Scheinzwecke und Scheintätigkeiten bemäntelt. Dies geschieht schon jetzt vielfach, und darin liegt auch der Grund dafür, daß schwer ein Urteil darüber zu gewinnen ist, welche Steuerausfälle den Gemeinden bereits durch die Umgehungen entstanden sind. Freilich habe ich es in einer früheren Tätigkeit in einer Großstadt auch einmal erlebt, daß eine große Terraingesellschaft ganz offen und harmlos dazu überging — wenn ich nicht irre 30—40 — Gesellschaften m. b. H. zu gründen, die

[1]) § 3: Dem Übergange des Eigentums .... steht gleich der Übergang von Rechten an dem Vermögen einer G. m. b H. usw. ...., wenn entweder zum Gegenstande des Unternehmens einer dieser Gemeinschaften die Verwertung von Grundstücken gehört, oder wenn die Gemeinschaft, um die Zuwachssteuer zu sparen, geschaffen ist, soweit das Vermögen der Gemeinschaft aus Grundstücken ... besteht.

einfach hießen „Parzelle 128, Grundstücks-G. m. b. H.", „Parzelle 129, Grundstücks-G. m. b. H." usw. oder ganz ähnliche Namen, die jedenfalls nicht im geringsten den Versuch machten, zu verdecken, daß hier gewisse Gründe die Entstehung dieser Gesellschaften veranlaßt hatten. Es befand sich bald etwa $1/3$ des ganzen Geländes der Terraingesellschaft im Besitz solcher G. m. b. H.

Künftig würde natürlich eine Bemäntelung erfolgen. Es hieße aber zu harmlos oder zu gering von der Geschicklichkeit unserer großen und kleinen Grundstückspekulanten denken, wenn man annehmen wollte, diese Bemäntelung würde nicht geschickt genug gemacht werden, um der Steuerbehörde den Nachweis der Umgehungsabsicht unmöglich zu machen. — Und es sind natürlich gerade die relativ größten Gewinne, für welche diese Umgehungen ersonnen und angewandt werden [1].

Wenn aber schon bei Erlaß des Gesetzes nicht alle Lücken dieser Art verstopft werden können, so ist es nur zu erklärlich und richtig, wenn Strutz (S. 72) beinahe drastisch ausführt: „Das lehrt die Entwicklung unserer Gemeinde- und Kreiswertzuwachssteuern, die einen fortgesetzten Kampf gegen immer neue Umgehungsmanöver, ein fortwährendes Wettrennen zwischen Interiuessenten und Steuergesetzgeber zeigen, bei dem der letztere natürlich immer mindestens eine Nasenlänge zurück ist". Auf diese natürliche Folge einer hohen Steuer, die als reelle Vermögenssteuer empfunden wird, hatte auch ich schon hingewiesen (vgl. Preuß. Verw.-Bl., Jahrg. XXX, S. 520).

Über das Mittel, das der § 55 des Reichsgesetzenwurfes [2] zur Verhinderung der Umgehungen vorschlägt, urteilen Strutz und Weber (Referat) gleich absprechend. Strutz erblickt in ihm das Zugeständnis der Reichsregierung, daß es zurzeit unmöglich sei, ein einwandfreies Reichszuwachsgesetz zu schaffen und er nennt das mit Recht die Bankerotterklärung der Reichszuwachssteuer (vgl. Strutz, S. 74—77). Die Reichstagskommission

[1] Auch das starke Anwachsen der Zahl der G m b H muß stutzig machen. Im Baugewerbe, Boden- und Immobiliengeschäft gab es Ende 1905: 451, Ende 1907: 896 G. m. b. H.

[1] Nach § 55 darf der Bundesrat Rechtsvorgänge für steuerpflichtig erklären, die es einem anderen ermöglichen, über ein Grundstück wie der Eigentümer zu verfügen.

sieht in jener Bestimmung nur eine authentische Interpretation. Weber (Referat S. 65) kennzeichnet diese unglaubliche Verkennung des Begriffes der authentischen Interpretation mit verdienter Schärfe.

Der Wunsch, allen denkbaren Umgehungen vorzubeugen, hat auch bereits zu Fassungen geführt, die unverständlich sind. Dahin gehört die Vorschrift: „Für den Inhalt und Umfang der Steuerpflicht kommen alle Rechtsgeschäfte in Betracht, deren mittelbarer oder unmittelbarer Gegenstand der Erwerb von Grundstücken ist.“

Inwiefern sich Inhalt und Umfang der Steuerpflicht unterscheiden, und inwiefern die gewählte Fassung überhaupt etwas anderes besagt als: „Der Steuer unterliegen alle Rechtsgeschäfte usw.“, ist nicht ersichtlich. Ebensowenig, in welchen Fällen der Erwerb eines Grundstücks als mittelbarer Gegenstand eines Rechtsgeschäftes erscheint. Ist ein Grundstückserwerb mittelbar Gegenstand eines Rechtsgeschäftes, wenn dieses, ohne rechtlich das Eigentum zu übertragen, einem anderen etwa die wirtschaftliche Verfügungsgewalt verschafft? Und wenn dies die Absicht ist, was genügt zur Erfüllung des Begriffes der wirtschaftlichen Verfügungsgewalt? Kann sie etwa auch dadurch erworben werden, daß man Rechte oder Berechtigungen erwirbt, die eine Verfügung nur mit Zustimmung anderer, etwa der Mitgesellschafter, ermöglichen, und durch wieviel Rechte hindurch darf der Weg von dem unmittelbaren Gegenstand zu dem mittelbaren, d. h. zu demjenigen führen, über den die wirtschaftliche Verfügungsgewalt, ohne daß eine Änderung im Eigentum an dem Grundstück vorliegt, in andere Hände gelangt. Wenn dies oder ähnliches wirklich die Absicht der erwähnten Bestimmung sein sollte, und wenn diese damit bewußterweise für die Entstehung der Steuerpflicht über Rechtsgeschäfte hinaus auf wirtschaftliche Interessenbeziehungen übergreift, dann hätte dies jedenfalls auch klar zum Ausdruck gebracht werden sollen. Welche Probleme aber auf einem bisher kaum berührten Gebiete für Praxis und Rechtsprechung entstehen müssen, wenn die mittelbaren Möglichkeiten der Einwirkung auf wirtschaftliche Verhältnisse daraufhin beurteilt werden sollen, ob sie eine Verfügungsgewalt über ein Grundstück oder einen Grundstücksanteil darstellen, ist kaum auszudenken. Um nur einen häufigen Fall zu erwähnen: Unter welchen Voraussetzungen kann beim Erwerb von Geschäftsanteilen einer G. m. b. H. der Erwerb einer wirtschaftlichen Verfügungsgewalt angenommen werden, wenn die Befugnis zur Weiterveräußerung von Geschäftsanteilen an die Genehmigung der Gesellschafterversammlung geknüpft ist? Vor allem aber, welche Belästigungen des Rechtsverkehrslebens würden sich hieraus ergeben? Angenommen z. B., es beständen drei Gesellschaften m. b. H. mit etwa denselben Personen, deren eine die Rohproduktion, deren andere die Verarbeitung und deren dritte den Absatz bewirkt, Verhältnisse, wie sie nicht selten vorkommen und wie sie — im Hinblick z. B. auf die verschieden gestalteten Kartellierungsbedürfnisse der drei Produktionsstufen — durchaus gerechtfertigt sind. Bei der Verbindung dieser drei G. m. b. H. untereinander ist es natürlich, daß die eine Geschäftsanteile der anderen, sei es vorübergehend, sei es dauernd, besitzt. Wann und wieweit verschiebt sich durch den Wechsel im Besitz der Geschäftsanteile die wirtschaftliche Verfügungsgewalt über die der einen G. m. b. H. gehörigen Grundstücke? Unter welchen Voraussetzungen ist hier der Erwerb eines Grundstücks mittelbarer Gegenstand desjenigen Geschäftes, durch das der Geschäftsanteil veräußert wird? Noch verschwommenere Perspektiven eröffnen sich aber unter der Annahme, daß alle drei Gesellschaften — wir nennen sie A. B. C. — Grundstücke besitzen. Wenn die G. m. b. H. A. Geschäftsanteile von B. erwirbt, so kann sie damit vielleicht „mittelbar" Anteile an Grundstücken der G. m. b. H. B. erwerben; soweit nun aber gleichzeitig B. Geschäftsanteile von A. besaß, hat durch jenen Erwerb doch nicht A. sondern B. erworben. B. gehören aber die Grundstücke schon. Erwirbt B. nun die wirtschaftliche Verfügungsgewalt über seine Grundstücke durch die Veräußerung seiner Geschäftsanteile? Oder etwa A? Und dann denke man sich dazu die Ermittelung aller dieser Vorfälle, das Veranlagungsgeschäft und die Veranlagungsbehörde. Tiefstes Mitgefühl wird der letzteren sicher sein dürfen.

Während nun hier gegen den Willen des Gesetzgebers in vielen Fällen Grundstücke von der Steuer freibleiben, sehen alle Steuerordnungen noch verschiedene Arten von Fällen vor, in denen der Wertzuwachs absichtlich — teils nur vorläufig, teils endgültig — freigelassen wird. Für die kommunalen Steuerordnungen sind die wichtigsten dieser Befreiungen reichsrechtlich

(z. B. Erbschaftssteuergesetz) notwendig oder aber von der Aufsichtsbehörde gefordert.

Auch hier kann auf die Vorschriften des Reichsgesetzentwurfes als auf die modernsten hingewiesen werden. Sie finden sich im § 4. Danach wird eine Zuwachssteuer in etwa folgenden Fällen nicht erhoben.

1. Beim Erwerb von Todes wegen oder auf Grund einer Schenkung, sofern nicht anzunehmen ist, daß die Form der Schenkung lediglich gewählt ist, um die Zuwachssteuer zu ersparen.
2. Bei der Begründung und Fortsetzung der ehelichen Gütergemeinschaft.
3. Beim Erwerb auf Grund von Verträgen zwischen Miterben oder Teilnehmern an einer Gütergemeinschaft.
4. Beim Erwerbe der Abkommlinge von den Eltern, Großeltern und entfernteren Voreltern, sowie beim Erwerbe der an Kindes Statt angenommenen Personen.
5. Beim Einbringen in eine ausschließlich aus dem Veräußerer und dessen Abkömmlingen oder aus diesen allein bestehende Gemeinschaft der im § 3 bezeichneten Art.

   Die Steuerpflicht tritt ein, soweit nachträglich ein Gesellschafter aufgenommen wird, der nicht zu den Abkommlingen des Veräußerers gehört.
6. Beim Einbringen von Nachlaßgegenständen in eine Erbengemeinschaft.
7. Beim Austausch von Grundstücken zum Zwecke der sogenannten Flurbereinigung oder der besseren Gestaltung von Bauflächen.

Daneben ist aber für die kommunalen Steuerordnungen noch zu erwähnen die Freilassung der Enteignungsfälle. Die Charlottenburger Steuerordnung bestimmt darüber im § 3: Als Umsatze gelten nicht Eigentumsveränderungen, denen sich die Beteiligten aus Gründen des öffentlichen Wohles zu unterwerfen gesetzlich verpflichtet sind, und zwar ohne Unterschied, ob sie durch Enteignungsbeschluß oder durch freiwilliges Veräußerungsgeschäft bewirkt werden.

Ähnlich lauten die entsprechenden Bestimmungen anderer Steuerordnungen.

Neben diese Befreiungen mehr objektiver Natur, Befreiungen um der Natur des steuerpflichtigen Rechtsvorganges willen, treten dann noch persönliche Steuerbefreiungen (Reichsgesetzentwurf § 22, Charlottenburger Steuerordnung § 11, Berliner Steuerordnung § 7).

Von den persönlichen Befreiungen beruht die der Ziff. 2—3 des § 22 des Reichsgesetzentwurfes (Steuerfreiheit des Reiches, des Staates und der Gemeinden) auf richtigen sachlichen Erwägungen; denn es ist anerkannten Rechtes, daß öffentliche Verbände sich nicht selbst besteuern können. Wenn nun an einer Steuer drei Gläubiger beteiligt werden, wie es bei der Reichszuwachssteuer der Fall sein soll, so müssen auch die Grundstücke dieser drei Arten von öffentlichen Verbänden freigelassen werden [1]).

Hinsichtlich der sachlichen Befreiungen ist allgemein zu sagen, daß es dem Grundgedanken der Wertzuwachssteuer, ein Entgelt für die Vorteile des Grundbesitzes aus den Aufwendungen der öffentlichen Verbände zu fordern, natürlich nicht entsprechen kann, wenn zahlreiche Grundstücke von diesen Leistungen entbunden werden, obgleich sie die Vorteile auch genießen. Meist tritt ja nun nicht eine endgültige Steuerfreiheit des während einer Besitzzeit etwa bis zum Todesfall entstandenen Wertzuwachses ein, sondern nur ein Hinausschieben seiner Besteuerung, so beim Erbfall mit nachfolgender Veräußerung. Dadurch ergibt sich aber gleichzeitig, da die meisten Steuerordnungen einen mit der Länge der Besitzdauer degressiven Steuertarif haben, eine Ermäßigung der Steuer, die vielfach sehr erheblich sein muß. Wenn man bedenkt, daß zahlreiche Grundstücke, sowohl städtische — wenigstens in kleineren und mittleren Städten —, besonders aber ländliche sich Jahrhunderte lang vererben, so führen diese Vorschriften tatsächlich vielfach zu dauernden Befreiungen.

Nach § 11 Abs. 3 des Reichsgesetzentwurfes tritt eine vollständige — und ebenso vollständig unbegründete — Steuerfreiheit ein für den mehr als 40 Jahre hinter der Veräußerung zurückliegenden Wertzuwachs solcher Grundstücke, die bis dahin immer durch steuerfreie Rechtsvorgänge in andere Hände gelangt sind. Die Begründung sagt dazu: „In Fällen, in denen das veräußerte

[1]) Man kann auch — mit einigem Vorbehalt wegen der primären Berechtigung eines sozialpolitischen Steuerzweckes — den Ausführungen Webers, Referat S. 52—53, zustimmen.

Grundstück mehrfach hintereinander infolge eines steuerfreien Rechtsvorganges den Eigentümer gewechselt hat, würde die uneingeschränkte Durchführung des vorerwähnten Grundsatzes vielfach den letzten Besitzer über Gebühr belasten und insbesondere, soweit die Zeit vor dem Inkrafttreten des Gesetzes maßgebend ist, die Festsetzung des Preises für eine Zeit notwendig machen, für die irgendwelche Unterlagen über Preis oder Wert der Grundstücke nicht mehr vorhanden sind.“ Demgegenüber ist darauf hinzuweisen, daß die Belastung des letzten Besitzers schon wegen der erwähnten Art der Degression nicht übermäßig hoch sein würde, und soweit es doch der Fall sein sollte, kann daraus höchstens die nach der Natur der Steuer durchaus berechtigte Forderung abgeleitet werden, den Wertzuwachs eben schon bei dem früheren Eigentumserwerb durch Erbfall zu erfassen. Eine Erbschaftssteuer — die doch nicht einmal der Form nach vorliegt — würde darin inhaltlich natürlich ebensowenig liegen wie in dem Gedanken der Wertzuwachssteuer überhaupt. Dem hiergegen sonst noch möglichen Einwand, mit dem auch die sonstigen sachlichen Steuerbefreiungen begründet werden, daß nämlich der Wertzuwachs beim Erbanfall doch nicht als greifbarer Gewinn in barer Zahlung in die Erscheinung trete, kann nur eine sehr beschränkte Bedeutung eingeräumt werden, und zwar deshalb, weil ein barer Gewinn auch bei den entgeltlichen Veräußerungen sehr oft nicht in die Erscheinung tritt, obwohl eine erhebliche Wertzuwachssteuer zu zahlen ist. Es ist dies unten S. 86 ff. noch näher zu erläutern.

Eine wesentliche Verschärfung der im § 11, Abs. 3 des Reichsgesetzentwurfes liegenden Unbilligkeit würde die Verwirklichung des Antrages Westarp bedeuten, nach dem bei der Veräußerung eines ererbten oder sonst durch steuerfreien Rechtsvorgang erworbenen Grundstückes der Wertzuwachs nur für die Zeit zwischen diesem steuerfreien Erwerb und dem Verkauf zu berechnen ist. Ob man vor einer Wiederaufnahme dieses in der zweiten Lesung schließlich glücklich abgelehnten Antrages sicher sein darf. ist noch zweifelhaft (vgl. dazu Weber, Referat S. 42 bis 43). Es mag deshalb auch noch darauf hingewiesen werden, daß durch die Verwirklichung dieses Antrages in Verbindung mit den im § 4 des Reichsgesetzentwurfes enthaltenen Steuerbefreiungen sich die Möglichkeit einer ganz einfachen

Steuerumgehung ergeben würde, und zwar in folgender Weise: A. hat ein Grundstück, bei dessen Verkauf er eine hohe Wertzuwachssteuer würde zahlen müssen. Dann veräußert er dieses Grundstück an ein Kind, vielleicht sogar an ein an Kindes Statt angenommenes, zu einem dem jetzigen hohen Werte entsprechenden Preise. Diese Veräußerung ist nach § 4, Ziff. 3 wertzuwachssteuerfrei. Gleich darauf veräußert das Kind das Grundstück weiter — und die Wertzuwachssteuer ist erspart.

Gerechtfertigt erscheint mir von allen Befreiungen nur diejenige des § 4, Ziff. 2 und 3, soweit die eheliche oder fortgesetzte Gütergemeinschaft in Betracht kommt. Dagegen ist meines Erachtens die Befreiung der Ziff. 4 kaum gerechtfertigter als diejenige im Falle der Enteignung, welch letztere der Reichsgesetzentwurf im Gegensatz zur Auffassung der preußischen Aufsichtsbehörde der Steuerpflicht unterworfen hat (vgl. Weber, Referat, S. 35, Ziff. 2). Diese Fälle unterscheiden sich — auch vom Grundgedanken der Steuer aus betrachtet — kaum von dem der Zwangsversteigerung.

Hinsichtlich des Steuerobjektes kann im wesentlichen auf das Obengesagte Bezug genommen werden. Insbesondere ist dort festgestellt, daß dem die Wertzuwachssteuer beherrschenden Interessenprinzip am besten ein möglichst real ausgebildetes Steuerobjekt entspricht, und daß daher die Frage nach der Höhe des — subjektiv — erzielten Gewinnes zurückzutreten habe. Aus diesem Grunde muß an die Stelle der Preisdifferenz die Wertdifferenz treten, müssen An- und Verkauf weniger als ein einheitliches Geschäft, sondern als Anfang und Ende eines Zeitraumes betrachtet werden, für den der Wertzuwachs — real — zu berechnen ist.

Die gesetzliche Vermutung, der Wert sei gleich dem Preise, kann kleine praktische Vorteile im Sinne einer Erleichterung des Veranlagungsgeschäftes haben. Gleichwohl sollte man im Interesse einer gleichmäßigeren und gerechteren Veranlagung (vgl. oben S. 27) darauf verzichten. Die Vereinfachung ist überdies für diejenigen Steuerordnungen — und das sind die meisten —, die den gemeinen Wert dann maßgebend sein lassen, wenn er höher ist als der Preis, nur eine scheinbare. Denn dann muß, sofern die Veranlagung sorgfältig sein soll, doch in jedem Falle geprüft werden, wie hoch der gemeine Wert ist.

Sodann zu der meines Wissens bisher nirgends näher erörterten Frage, ob die „Anrechnungen“ dem Erwerbspreise hinzuzurechnen oder vom Erwerbspreise abzurechnen sind. Diese ganze Frage scheint bisher nicht logisch durchdacht zu sein. Sie ist meist mit Erwägungen verquickt worden, die mit ihr innerlich nichts zu tun haben. Weil die Steuer bei der üblichen Art der progressiven Tarife je nach der einen oder der anderen Berechnungsweise verschieden hoch wird, suchte man eine aus ihr selbst heraus richtige Ermittlungsweise des Wertzuwachses zu finden, während wir es hier tatsächlich nur mit einer Frage der Tarifgestaltung zu tun haben. Man hat z. B. die Beantwortung der Frage davon abhängig machen wollen, ob das für den Abzug zu berücksichtigende Kapital zu einer ihrem Wert allmählich vermindernden Einrichtung verwandt ist oder umgekehrt (vgl. Reichsgesetz, Begründung S. 21), oder ob die Aufwendung bald nach dem Ankauf oder kurz vor der Veräußerung erfolgt ist (vgl. Weber, Referat, S. 40). Auch ich selbst habe im Preuß. Verw.-Bl., Jahrg. XXXI, S. 341 eine ähnliche Erklärung gegeben, die ich nicht mehr aufrecht erhalte. Bei diesen Erklärungsversuchen ist übersehen, daß das Ergebnis der Ermittelung des Steuerobjektes, des unverdienten Wertzuwachses, in beiden Fällen das gleiche ist und sein muß, mag nun erst aus dem jetzigen „Preis“ der verdiente Wertzuwachs ausgesondert und dann die Differenz aus den verbleibenden Zahlen gebildet werden, oder mag der verdiente Wertzuwachs dem Erwerbspreise hinzugerechnet und dann die Differenz zwischen dieser Summe und dem Veräußerungspreis gebildet werden. In der ersteren Art und Weise war zu verfahren nach dem Reichsgesetzentwurf, und ebenso ist es in der Hamburger und der Charlottenburger Steuerordnung. In der Reichstagskommission ist man dagegen zu dem Verfahren übergegangen, wie es auch die Berliner, die Hessische, die Lippesche, die Lübecker und die meisten anderen Steuerordnungen kennen, d. h. es sollen dem Erwerbswert diejenigen Teile hinzugerechnet werden, die als verdient nicht mitversteuert werden sollen.

Weil die Natur der Frage, um die es sich hier handelt, verkannt ist, erweisen sich auch die Rechtfertigungsversuche der einen oder der anderen Berechnungsweise als unhaltbar. Die Annahme, daß der Gegenwert gewisser Kapitalsaufwendungen nur mit einem allmählich unter deren Höhe sinkenden Betrage im Endwert enthalten ist, kann — logischerweise — nur dazu führen, einen entsprechend kleineren Betrag aus der Differenz von Erwerbs- und Veräußerungswert auszuscheiden. Man kann aber nicht einfach den ganzen Betrag abrechnen und dann annehmen, daß lediglich durch die Abrechnung vom Verkaufspreis die tatsächlich größere Höhe des Wertzuwachses gerecht berücksichtigt würde. Denn dabei wird übersehen, daß doch häufig auch solche Kapitalsaufwendungen vorkommen, deren Kapitalsgegenwert voll, ja zuweilen mehr als voll im Endwert enthalten ist. Da in diesen Fällen aber die gleiche Berechnungsweise Anwendung finden soll, so würde auch hier eine Erhöhung der Steuer erreicht, obgleich eine Ermäßigung gerechtfertigt wäre. Es würden also doch alle Fälle gleich behandelt, so daß die beabsichtigte besondere Berücksichtigung der nicht mehr voll wirksamen Kapitalsverwendungen nicht erreicht wird. Noch mehr entbehrt es der Begründung, allein aus dem Zeitpunkt der Kapitalsverwendung — bald nach dem Erwerb oder kurz vor dem Verkauf — die Frage der Zurechnung oder Abrechnung zu entscheiden, wie Weber (Referat S. 40) es für richtig hält. Das geht schon daraus hervor, daß er zu dem umgekehrten Ergebnis wie der Reichsgesetzentwurf kommt. Denn während dieser bei den schon länger wirkenden Kapitalsaufwendungen zu einer höheren Steuer gelangt, muß sie nach Weber in diesem Falle niedriger sein. Nach ihm gehören die Aufwendungen um so unzweifelhafter zum Erwerbspreise, haben umsomehr die Natur des Anlagekapitals, je früher die Aufwendung gemacht ist. Dieser Gedanke ist offenbar innerlich nicht begründet und kann nur auf einer wohl nicht ganz bewußten Vorstellung von dem Gewinncharakter des Wertzuwachses beruhen. Es ist aber nicht ersichtlich, weshalb eine 1 oder 2 Jahre vor dem damals noch gar nicht feststehenden Verkauf erfolgte Kapitalsverwendung nicht ebenso gut die Natur einer Kapitalsanlage haben sollte wie ein kurz nach dem Erwerb des Grundstücks erfolgter Kapitalsteil. Weber weist auf die Lösung der Frage in der Hannoverschen Steuerordnung hin, die aber meines Erachtens nichts weniger als befriedigend ist. Die innerhalb dreier Jahre vor dem Verkauf erfolgten Aufwendungen werden dort vom Verkaufspreis abgerechnet, die früher erfolgten werden dem Erwerbspreis hinzugerechnet. Nun denke man an die ungleiche Höhe der Steuer in denjenigen Fällen, in denen teils kurz vor, teils kurz nach dem dreijährigen Zeitraum die Bebauung stattgefunden hat. In Hannover wird man dann vermutlich vielfach noch 3 Jahre nach der Bebauung mit dem Verkauf warten.

Wesentlich einfacher als nach diesen unlogischen Hilfsgründen gestaltet sich die Antwort, wenn wir festhalten, daß hier nur der Wertzuwachs an sich in seiner absoluten Höhe zu ermitteln ist, und daß diese Höhe nach beiden Rechnungsmethoden die gleiche ist, und wenn wir die Frage nach seiner relativen Höhe als Frage der Tarifgestaltung betrachten. Schon aus einem anderen Grunde. Da wir sahen, daß der Gedanke der Progression bei allen Wertzuwachssteuer-Ordnungen der ist, daß die Steuer um so höher sein soll, je höher der Wertzuwachs im Verhältnis zum früheren Wert ist, so erscheint die Forderung natürlich und im Interesse der gerechten Gleichmäßigkeit unumgänglich, diesen früheren Wert auch immer und in allen Fällen zugrunde zu legen. Dann darf also dem früheren Erwerbspreise oder dem im Augenblicke des Kaufes vorhandenen Werte nichts hinzugerechnet werden. Lediglich die Hinzurechnung der Erwerbskosten, soweit sie nicht der damalige Verkäufer zu tragen hatte, zum Erwerbspreis erscheint gerechtfertigt, weil sie schon im Augenblick des Kaufes den Kostenwert erhöhen.

Zu welchen für die praktische Anwendung des Gesetzes ungeheuerlichen Vorschriften es führen muß, wenn man es unternimmt, denjenigen Teil des Preises — nicht einmal des Wertes — auszusondern, der nicht dem nackten Grund und Boden und den Gebäuden selbst gilt, zeigt § 5 des Reichsgesetzentwurfes in der Fassung der zweiten Lesung (vgl. Weber, Referat, S. 36).

Was im übrigen die einzelnen Anrechnungen selbst anlangt, so sind die wichtigsten im Laufe der Darstellung bereits nach Berechtigung und Wirkung erörtert. Allgemein bleibt für sie nochmals zu betonen, daß es zwar theoretisch richtig, praktisch aber gänzlich undurchführbar sein würde, zwecks Ermittelung des wirklich „unverdienten“ Wertzuwachses den Wert aller

Kapitalsaufwendungen für Verbesserungen usw. mit demjenigen Betrage in Anrechnung zu bringen, mit dem er im jetzigen Veräußerungswert noch enthalten ist. Das gleiche gilt für den Versuch, die persönlichen — geistigen und körperlichen — Arbeitsleistungen, soweit sie nicht zur Erzielung des jährlichen Ertrages aufgewandt worden sind, nur mit ihrem gegenwärtig noch werterhöhenden Betrage anzurechnen.

Freilich wird die Berücksichtigung nur der jetzt noch fort wirkenden Werterhöhung um so notwendiger, je länger der Zeitraum ist, für den die Wertzuwachssteuer zu berechnen ist. Im Augenblick der Kapitalsverwendung wird die Einwirkung der beiden entscheidenden Wertfaktoren, der Seltenheit und der Dringlichkeit des Bedürfnisses, den Wert der geschaffenen Einrichtung noch sehr wenig beeinflußt haben, wird dieser sich daher mit dem Kostenwert noch ziemlich vollständig decken. Je länger aber diese beiden Faktoren einwirken, umsomehr kann der jetzige Wert der Einrichtung von ihren Herstellungskosten abweichen, und zwar auch gerade bei Häusern. Man bedenke den Einfluß, den auch hier die Mode auf die Wertung der inneren Ausstattung der Wohnungen (Zentralheizung, Warmwasserversorgung, Kühlräume, Vakuumreiniger, Autogarage usw.) und Geschäftsräume ausübt. Die sogenannte Mode ist eben auch eins derjenigen Momente, die ein Bedürfnis mehr oder weniger dringlich erscheinen lassen.

Besonders problematisch bleibt ferner der Einfluß der für Straßen und Kanalisationsanlagen aufgewandten Kosten auf den gemeinen Wert. Indessen wird hier die Zulassung des Abzuges in der vollen Höhe der entstandenen Kosten kaum zu Ungleichheiten führen können.

Große praktische Schwierigkeiten ergeben sich bei den geltenden kommunalen Steuerordnungen aus der Notwendigkeit, eine Grenze zwischen „dauernden“ Verbesserungen und Reparaturkosten oder sonstigen Ausgaben zur Erzielung des laufenden Ertrages zu ziehen. Ein sehr getreues Abbild dieser Schwierigkeiten bietet die Rechtsprechung des Oberverwaltungsgerichtes zu der Frage des Abzuges von Instandsetzungskosten und Verbesserungen einerseits, Instandhaltungskosten und Reparaturen andererseits beim Hausbesitz (vgl. Fuisting, 7. Aufl., S. 89 ff.). Besonders unerquicklich muß die Erörterung dieser Fragen für einen oft mehr als 20 Jahre zurückliegenden Zeitraum werden.

Hinsichtlich der Kosten des Erwerbes empfiehlt sich die — auch fast durchweg vorgesehene — Anwendung eines Pauschale in Prozenten des Erwerbspreises durchaus, teils zur Vereinfachung des Verfahrens, teils zur Verhütung von Umgehungen. Die Veräußerungskosten können dagegen unbedenklich in der wirklich vom Veräußerer getragenen Höhe zum Abzuge zugelassen werden, da sie ja meist vom Erwerber getragen werden, ihre ausnahmsweise Ermittelung aber kaum Schwierigkeiten machen wird. Zu diesen Veräußerungskosten darf jedoch nicht die Wertzuwachssteuer gerechnet werden. Sie darf vom Wertzuwachs ebensowenig abgezogen werden wie etwa die Einkommensteuer vom Einkommen oder die Gewerbesteuer vom gewerblichen Ertrage. Die älteren Steuerordnungen schreiben dies nicht besonders vor. Dagegen finden sich in den neuen Steuerordnungen mit Recht besondere Vorschriften für den Fall, daß die Wertzuwachssteuer — dem Willen der meisten Steuerordnungen entgegen — vom Erwerber gezahlt wird. Der Reichsgesetzentwurf sagt im § 16: „Wird die Zahlung der Zuwachssteuer nach dem Vertrage von dem Erwerber übernommen, so ist die Steuer nach dem Veräußerungspreise zuzüglich des Steuerbetrags zu berechnen.“ — Danach bleiben aber offenbar Zweifel, wie zu verfahren ist. Denn um die Steuer hinzurechnen zu können, muß ich erst wissen, wie hoch sie ist. Berechne ich sie aber einstweilen ohne die Hinzurechnung, so wird sie zu niedrig, auch noch nachdem ich den so erreichten, aber zu niedrigen Steuerbetrag für die zweite maßgebende Rechnung dem Preise hinzugezählt habe. Hierauf hat Karding näher hingewiesen (Preuß. Verw.-Bl., Jahrg. XXX, S. 764). Die wirkliche Größe der hierin liegenden technischen Schwierigkeit hat jedoch erst die Charlottenburger Steuerordnung erfaßt. Sie enthält folgende Bestimmung im § 4: „Hat der Erwerber die Zahlung der Wertzuwachssteuer übernommen, so gilt nicht der von den Parteien angegebene Kaufpreis als Veräußerungswert. Dieser wird vielmehr besonders ermittelt in der Art, daß der von den Parteien angegebene Kaufpreis lediglich als der Unterschiedsbetrag zwischen dem zu ermittelnden Veräußerungswerte und den nach dem letzteren zu veranlagenden Wertzuwachssteuerbetrage anzusehen ist. Demgemäß gilt als Veräußerungswert mindestens derjenige Betrag, der bei Abzug der nach ihm berechneten Steuer den von den Parteien angegebenen Kaufpreis ergibt." — Die Anwendung dieser Vorschrift wird in einem ausführlichen, als Anhang der Steuerordnung abgedruckten Beispiel erläutert. Danach bedarf es, von Nebenrechnungen abgesehen, zweier Gleichungen und zweier sogenannter Gegenproben. Man darf wohl im Interesse der veranlagenden Behörde einen gewissen Trost bei der Tatsache empfinden, daß es sich nur um gewöhnliche Gleichungen mit einer Unbekannten handelt.

Von wichtigeren Abzügen kommt dann nur noch derjenige für Zinsen in Betracht. Dieser Abzug ist in einigen wenigen Steuerordnungen (so in Lübeck und Hamburg) gar nicht zugelassen, in allen anderen auf unbebaute Grundstücke beschränkt. Zinseszinsen dürfen nirgends geltend gemacht werden. Alle Einnahmen aus dem Grundstück müssen mit den Zinsen aufgerechnet werden. Die meisten, insbesondere die älteren Steuerordnungen lassen ohne Rücksicht auf die Höhe der wirklich an Dritte gezahlten Zinsen meist 4 % des Erwerbspreises abziehen. Einzelne der neueren Steuerordnungen haben diesen Betrag als Höchstgrenze aufgestellt mit der Wirkung, daß etwaige niedrigere Hypotheken- und Grundschuldzinsen nur in der nachweisbar entrichteten Höhe abgezogen werden dürfen, so in Berlin und Charlottenburg.

Wir hatten oben festgestellt, daß der Zinsenabzug für den — zu Unrecht ausgebildeten — Gewinncharakter des Wertzuwachses nicht gerechfertigt wäre, daß er dagegen für die Ermittelung des realen, unverdienten Wertzuwachses richtig ist, soweit die Zinsverluste den Veräußerungswert erhöht haben. Und wir waren ferner zu der Auffassung gekommen, daß bei unbebauten Grundstücken in der Tat meist ein großer Teil des Zuschusses, den das Grundstück erfordert hat, in dem später erzielten Preise enthalten sein wird, daß daher der nur durch die Lage, durch die Konjunktur und nicht durch Kapitalsverwendung oder Arbeit geschaffene Wertzuwachs dementsprechend hinter dem erzielten Preise zurückbleiben muß.

Nun schreibt der Reichsgesetzentwurf im § 15, Ziff. 4 vor, daß in Abzug zu bringen sind vier vom Hundert von dem Erwerbspreis unbebauter Grundstücke, die vom Veräußerer vor der

Veräußerung bebaut worden sind, für einen Zeitraum von nicht mehr als sechs Jahren vor der behördlichen Gebrauchsabnahme oder, wo eine solche nicht besteht, vor der gebrauchsfertigen Herstellung mit der Maßgabe, daß auf den Zinsabzug der während der Zeit aus dem Grundstück erzielte Ertrag anzurechnen ist. — Da ein Abzug des Zinsverlustes für die ganze Besitzdauer innerlich gerechtfertigt ist, so kann die Zeitbeschränkung nicht steuerlich, sondern höchstens sozialpolitisch gerechtfertigt werden. Damit stimmt die Begründung überein (vgl. S. 21): „Die Anrechnung von Zinsen für nicht genutzte, unbebaute Grundstücke ist im Gesetz im allgemeinen nicht zugelassen, weil dadurch die Zurückhaltung baureifen Geländes gefördert und in ungerechtem und wirtschaftspolitisch unerwünschtem Maße solche Grundstückseigentümer begünstigt werden würden, die kapitalkräftig genug sind, um zum mindesten zeitweilig auf die Verwendung eines Teiles der Zinserträge verzichten zu können. Soll eine solche Bevorzugung vermieden werden, so würde auch in Fällen, in denen der Ertrag genutzter Grundstücke hinter der üblichen Verzinsung zurückbleibt, der Abzug des Unterschiedes zugestanden werden müssen, und das wiederum würde nicht nur die Veranlagung über Gebühr erschweren, sondern auch vornehmlich denen zugute kommen, die es bei Verwaltung ihres Grundbesitzes an der erforderlichen Einsicht und Sorgfalt fehlen lassen." Ferner S. 38 der Begründung: „Durch die Zinsanrechnung zu Ziff. 4 soll den besonderen Bedürfnissen des Baugewerbes Rechnung getragen werden. Die Längsdauer der Vergünstigung ist auf 6 Jahre bemessen, weil nicht selten die Bebauung größerer Gelände in Frage kommen wird, deren bauliche Erschließung und Bebauung geraume Zeit in Anspruch nehmen kann. Ein Zinsabzug ist nicht gerechtfertigt, soweit aus dem Grundstück während dieser Zeit Erträge erzielt sind."

Offenbar wird in dem ersten Teil dieser Begründung von der Annahme ausgegangen, daß eine hohe Steuer den Verkauf beschleunigt. Das ist aber nicht erwiesen und meines Erachtens auch nicht richtig. Viel eher würde eine jährlich zu zahlende hohe Grundsteuer geeignet sein, die Bebauung zu fördern. Eine hohe im Augenblick des Verkaufs zu zahlende, den Gewinn beträchtlich vermindernde Steuer wird häufig den gegenteiligen Erfolg haben, daß das Grundstück noch länger festgehalten wird, damit die weiter zu erwartende Wertsteigerung die jetzt drohende Steuer gleich mit einbringt. (Vgl. Preuß. Verw.-Bl., Jahrg. XXXI, S. 189.)

Die Fassung des Entwurfes bedeutet auch deshalb keinen Anreiz zur Bebauung, weil die Wohltat des Abzuges in gleichem Maße gewährt wird, mag nun die Bebauung bald nach dem Erwerb oder bald nach dem Eintritt der sogenannten Baureife oder gar schon vorher erfolgt sein, oder mag das Grundstück noch so lange in spekulativer Absicht von der Bebauung zurückgehalten sein. — Der § 15, Ziff. 4 ist daher vielleicht die einzige Vorschrift des Entwurfes, die durch die Reichstagskommission etwas verbessert worden ist, wenigstens wenn man sie ohne den unmöglichen Absatz 3 des § 20 in der Fassung der zweiten Lesung betrachtet. Die Einwendungen, die Weber (Referat, S. 45, Anm. 1 und 2) gegen diese Fassung erhebt, sind — ausnahmsweise — nicht begründet. Sie würden nur für den wiederholt abgelehnten Gewinncharakter des Wertzuwachses richtig sein.

Die Bevorzugung, von der weiterhin in der Begründung gesprochen wird, entsteht nicht durch die steuertheoretisch ganz gerechtfertigte Zulassung des Zinsenabzuges, sondern sie ist vorhanden infolge des größeren Kapitalbesitzes in Verbindung mit der gegenwärtigen Wirtschaftsordnung. Auf die Verteilung dieses Besitzes einzuwirken, ist aber natürlich nur für eine sozialpolitisch begründete Steuer gerechtfertigt. Für den rein finanziellen Zweck bliebe nur die Frage offen, ob etwa durch eine derartige Vorschrift die volkswirtschaftlichen Steuerquellen gefördert werden. Auch diese Frage kann hier aber ausscheiden, weil der Zinsenabzug dem Grundgedanken der Steuer und seiner gerechten Ausgestaltung entspricht. Von einer solchen Vorschrift ist aber ohne weiteres anzunehmen, daß sie mindestens nicht nachteilig auf die Volkswirtschaft wirken kann: sonst müßte der Grundgedanke der Steuer ein falscher sein.

Auf die Frage des parzellenweisen Verkaufes eines größeren Grundstücks wird unten bei Besprechung der entsprechenden Vorschriften der direkten Steuer noch kurz eingegangen.

Die wichtige Frage der Tarifgestaltung ist bisher außerordentlich verschieden gelöst worden. Im wesentlichen sind folgende Unterfragen zu prüfen· Unterscheidung der Sätze für den bebauten und den unbebauten Besitz, ferner die Frage, ob eine Progression der Steuersätze nach der absoluten oder der relativen Höhe des Wertzuwachses richtig sei, und endlich die Frage der Ermäßigung oder Erhöhung der Sätze nach der Dauer der Besitzzeit.

Höhere Steuersätze für den unbebauten, aber in die Baureife eintretenden Boden sind deshalb gerechfertigt, weil dessen Wertzuwachs, der ja in der reinen, unverdienten Form nicht dargestellt werden kann (wie bei allen Grundstücken), zu einem geringeren Prozentsatz als beim bebauten Boden den Gegenwert für Arbeit und Kapitalsverwendungen enthält, zu einem größeren Prozentsatz dagegen auf Aufwendungen der öffentlichen Verbände und auf die Konjunktur zurückgeht (vgl. von Frankenberg, S. 731). Da aber gerade die beiden letzgenannten Momente die innere Rechtfertigung der Steuer darstellen, so muß diesem Umstande durch höhere Steuersätze Rechnung getragen werden. Gleichhohe Steuersätze wären nur für eine solche Steuerordnung gerechtfertigt, die wirklich nur den reinen unverdienten Wertzuwachs der Steuer unterwirft. — Das Fehlen einer derartigen Staffelung im Reichsgesetzentwurf kann sich nur damit erklären, daß die Verhältnisse in dem großen Reichsgebiet zu verschieden sind. Die Erhöhung der Sätze für unbebauten Grund und Boden würde ja auch den rein landwirtschaftlichen Grundbesitz treffen, während die obigen Erwägungen über einen relativ hohen Prozentsatz unverdienten Wertzuwachses nur für denjenigen unbebauten Grund und Boden gelten, der die Natur von Bauland bereits hat oder doch bald annehmen wird.

Was sodann die Höhe der Steuersätze für ein und dieselbe Grundstücksart anlangt, so bildet das Fehlen jeder Progression eine große Ausnahme (vgl. z. B. die Steuerordnung für den Kreis Randow, nach der von dem steuerpflichtigen Wertzuwachs immer 25 % erhoben werden (§ 15); doch wird — unlogischerweise — die Länge der Besitzzeit für die Ermittelung des Wertzuwachses berücksichtigt (§ 14).

Die große Mehrzahl der Steuerordnungen und auch der Reichsgesetzentwurf enthält eine mit der relativen, d. h. im Verhältnis zu dem früheren Erwerbspreis betrachteten Höhe der Wertzuwachses steigende Skala. Bei der Unklarheit, die über den Grundgedanken der indirekten Wertzuwachssteuer noch herrscht, ist es nicht auffallend, daß der Grund für diese Progression bald in höherer Leistungsfähigkeit, bald in der stärkeren werterhöhenden Wirkung der Konjunktur und der Aufwendungen der Gemeinden erblickt wird. Sogar die Begründung zum Reichsgesetzentwurf (S. 27) nimmt an, daß die verhältnismäßig höhere Wertzunahme auf hohere Leistungsfähigkeit hinweist. Nachdem wir oben festgestellt haben, daß die wirtschaftliche Leistungsfähigkeit, wenn sie steuerlich erfaßt werden soll, nur am Gesamteinkommen bemessen werden kann, ist dieser Gedanke schon deshalb abzulehnen, weil hier nicht einmal aus einer einzelnen Ertragsquelle, sondern nur aus einer einzigen Finanzoperation innerhalb einer solchen Quelle auf die Leistungsfähigkeit geschlossen werden soll. Ist es etwa nicht häufig festzustellen, daß einem gewinnbringenden Geschäft ein verlustbringendes folgt, oder daß zwei solche Geschäfte zeitlich zusammenfallen? Ich verweise hierfür noch auf meine Ausführung im Preuß. Verw.-Bl., Jahrg. XXX, S. 520. — Ferner kommen relativ kleine Gewinne auch bei sehr großen Objekten, deren Besitz viel eher auf eine erhöhte Leistungsfähigkeit schließen lassen könnte, vor und umgekehrt relativ große Gewinne bei kleinen billigen Grundstücken. Es soll aber auch wohl weniger direkt eine größere Leistungsfähigkeit sein, die bei einem relativ hohen Wertzuwachs vermutet wird, sondern es soll aus der alsdann vermuteten größeren Mühelosigkeit des Gewinnes auf eine größere Leistungsfähigkeit geschlossen werden. Wir haben oben bereits gesehen, daß die Mühelosigkeit des Verdienens, ganz abgesehen von der Unmöglichkeit, sie irgendwo und insbesondere bei Grundstücksgeschäften festzustellen oder gar abzustufen — keinen Rückschluß auf die Leistungsfähigkeit zuläßt. Will man aber doch versuchen, mit der Leistungsfähigkeit zu operieren, so müßte als die relativ richtigere Methode die Progression nach der absoluten Gewinnhöhe erscheinen, wie sie Berlin, Hamburg und Lübeck gewählt haben. Da jedoch naturgemäß auch für die Gestaltung des Steuertarifes der Grundgedanke der Steuer und damit die Interessentheorie zur Geltung kommen muß, so bleibt zu untersuchen, ob die Progression nach dem relativen Wertzuwachs diesem Grundgedanken entspricht. Das ist aber zweifellos der Fall. Da in dem steuerpflichtigen Zuwachs der Gegenwert für Kapitalsaufwand nicht mehr enthalten ist, so ist der verbliebene Wertzuwachs, wie wir bereits gesehen haben, vorzugsweise auf die Aufwendungen der öffentlichen Verbände und auf die Konjunktur zurückzuführen. Von der daneben noch mitwirkenden Arbeitstätigkeit muß — schon weil ein anderes praktisch undurchführbar wäre — angenommen werden, daß die durch sie geschaffene Wertsteigerung im allgemeinen eine annähernd relativ gleiche ist. Wenn dann trotzdem eine verschieden hohe Wertsteigerung festgestellt werden kann, so ist die Annahme begründet, daß bei der Schaffung dieses Wertzuwachses auch die Aufwendungen der öffentlichen Verbände in relativ höherem Maße mitgewirkt haben. Dem würde eine danach abgestufte Steuer durchaus entsprechen (vgl. hierzu Boldt, S. 78 ff.).

Endlich die Frage der Abstufung des Steuersatzes nach der Länge des Zeitraumes, innerhalb dessen der Wertzuwachs entstanden ist, richtiger die Progression nach der Besitzdauer. Diese Frage wird von Boldt, S. 83 ff., lediglich unter dem Gesichtspunkt des sozialpolitischen Steuerzweckes betrachtet. Die Begründung des Reichsgesetzentwurfes (S. 28) stellt dagegen eine Verquickung sozialpolitischer Erwägungen und solcher der Steuergerechtigkeit dar. Die letzteren beruhen zum Teil wieder auf der Annahme einer mit der Kürze der Besitzdauer steigenden Leistungsfähigkeit, offenbar aus dem — unrichtigen — Gesichtspunkt der größeren Mühelosigkeit, zum Teil aber auch auf der — richtigen — Annahme, daß eine schnelle Wertsteigerung — ebenso wie eine relativ hohe — meist in besonderem Maße auf einen werterhöhenden Einfluß der Gemeinschaft schließen läßt. Vorausgesetzt ist dabei allerdings, daß ein bei kurzer Besitzdauer entstandener Wertzuwachs auch wirklich schneller entstanden ist als die gleiche Wertsteigerung bei langer Besitzdauer, was keineswegs ohne weiteres richtig ist, denn im letzteren Falle kann ja der ganze Wertzuwachs im letzten Jahr entstanden sein (vgl. unten S. 103).

Die sozialpolitischen Erwägungen bei der Tarifgestaltung treten am klarsten und konsequentesten bei Boldt hervor [1]. Er will um jeden Preis die Bebauung des „baureifen oder baulich

[1] Vgl. ferner Altenrath, Preuß. Verw.-Bl., Jahrg. XXX, S. 219, dazu Genzmer, daselbst S. 335 und wieder Altenrath, daselbst S. 696.

erschlossenen Landes" fördern, eine gewiß für den kommunalen Boden- und Wohnungspolitiker und damit überhaupt für den Volkswirtschaftspolitiker außerordentlich wichtige Aufgabe. Es fragt sich nur, ob die Wertzuwachssteuer ein geeignetes Mittel zur Erreichung dieses Zieles ist. Sie müßte dann jedenfalls so ausgestaltet werden, daß sie den unbebauten Boden um so stärker belastet, je länger er in bereits baureifem Zustande noch unbebaut in derselben Hand bleibt. Da wir nun bereits gesehen haben, daß umgekehrt eine Degression nach der Länge der Besitzdauer innerlich begründet ist, und da die Gründe, die diese Degression rechtfertigen, keine dem bebauten Grundbesitz eigentümliche sind, vielmehr ebenso gut für den unbebauten Boden gelten, so ist die Forderung, den unbebauten Boden bei längerer Besitzdauer stärker zu belasten, mit der inneren Gerechtigkeit der Steuer, d. h. mit dem Interessenprinzip jedenfalls nicht zu vereinigen. Auf Kosten der inneren Gerechtigkeit darf aber keine Steuer versuchen, sozialpolitische Ziele zu fördern. Dann müssen für diese Ziele andere Mittel als die Wertzuwachssteuer gesucht werden. — Aber selbst von dieser Kollision mit der inneren Gerechtigkeit abgesehen, so hängt die Wirksamkeit der von Boldt empfohlenen Zuschläge für längere Besitzdauer in unbebautem Zustande noch von der keineswegs bewiesenen Voraussetzung ab, daß die höhere Steuer die Bebauung, die doch regelmäßig erst nach einem Verkauf an den Bauunternehmer erfolgt, beschleunigen wird. Viele Spekulanten werden, wie wir bereits sahen, das Grundstück lieber noch einige Jahre länger behalten, um durch den weiter steigenden Preis auch die höhere Steuer mit zu decken. In dieser Beziehung ist auch noch auf die Bedenken in der Begründung zum Reichsgesetzentwurf hingewiesen, wo auch angenommen wird, daß die zeitliche Staffelung einen Anreiz zur Zurückhaltung des Grundbesitzes bedeutet (vgl. S. 28 daselbst).

Endlich ist noch die Frage nach der absoluten Höhe, insbesondere nach der höchst zulässigen Höhe der indirekten Wertzuwachssteuer zu erörtern. Die preußischen Gemeinden dürfen — nach dem Willen der Aufsichtsbehörde — über 25 % des Wertzuwachses nicht hinausgehen. Dabei war es ihnen überlassen, ob dieser Satz schon bei einer Wertsteigerung von 10 oder 20 % des Erwerbspreises oder erst bei 100 oder 400 % gefordert wurde.

Die relative Wertzuwachshöhe ist aber natürlich ein unentbehrlicher Faktor für die Frage nach der wirklichen Höhe der Steuer. Denn wenn z. B. der Reichsgesetzentwurf bei Wertsteigerungen von 400 % innerhalb eines Jahres 36 % fordert und die Fassung der zweiten Lesung im gleichen Falle 30 %, so haben diese Sätze kaum mehr als theoretische Bedeutung, und die Steuer ist in der praktischen Anwendung nicht annähernd so hoch als nach der Halberstädter Steuerordnung, die bereits bei 100 proz. Wertsteigerung 25 % des Wertzuwachses fordert, auch wenn die Besitzdauer 30 Jahre betrug.

Es fragt sich, ob und womit die erheblichen Abweichungen in der Höhe der Sätze begründet werden können. In erster Linie kommt hier wie bei allen Steuern der Finanzbedarf in Betracht, Daneben ist aber zu berücksichtigen, ob nach den örtlichen Verhältnissen ein besonders hoher Prozentsatz des Wertzuwachses auf die allgemeinen Konjunktur- und Wirtschaftsverhältnisse oder auf die Aufwendungen der Gemeinde zurückzuführen ist.

Was die Wirkung der Konjunktur und der öffentlichen Aufwendungen anlangt, so muß auch gefordert werden, daß die Steuersätze den Veränderungen im Verhältnis beider zueinander nach Möglichkeit Rechnung tragen, und es würden die Tarife von Zeit zu Zeit daraufhin nachzuprüfen und erforderlichenfalls abzuändern sein. Dabei ist freilich nicht zu verkennen, daß eine solche Abänderung, zumal nach oben, nicht immer leicht durchzuführen sein wird, teils weil solche Abänderungen bei indirekten Steuerordnungen ungewohnt sind, besonders aber weil die Erhöhung an sich schon hoher Lasten des Grundstücksverkehrs den Grundstücksmarkt beunruhigt, was natürlich auf jeden Fall nachteilig wirken muß.

Die hier eigentlich auch noch hingehörende Frage, inwieweit die indirekte Wertzuwachssteuer wegen ihrer hohen Steuersätze etwa eine volkswirtschaftlich schädliche reelle Vermögensbesteuerung darstellt, wird weiter unten näher erörtert (vgl. unten S. 118 ff.).

Von den sonstigen Vorschriften der indirekten Steuerordnungen können nur diejenigen noch Anspruch auf prinzipielle Bedeutung erheben, welche den Träger der Steuerpflicht betreffen. Während früher der Veräußerer zwar als der primäre Steuerschuldner behandelt wurde, neben ihm aber für den Fall der

Unbeitreiblichkeit meist auch der Erwerber herangezogen werden konnte, sind mehrere neuere Gesetze dazu übergegangen, nur den Veräußerer und — im Falle der Zwangsversteigerung — nur den bisherigen Eigentümer haften zu lassen (§ 2 der Hamburger Steuerordnung, § 2 der Lübecker Steuerordnung, § 6 der Berliner Steuerordnung, § 21 des Reichsgesetzentwurfes).

Daß es der Auffassung der Wertzuwachssteuer als Gewinnsteuer und überhaupt ihrer Rechtfertigung mit der Opfertheorie entspricht, sie nur von dem Veräußerer zu fordern, liegt auf der Hand. Demgegenüber ist die Mithaftung des Erwerbers nur mit der Befürchtung zu erklären, daß die Steuer vom Veräußerer nicht immer beigetrieben werden kann. Aber auch für die realere Auffassung der Wertzuwachsbesteuerung erscheint es als das Gegebene, den Veräußerer zu belasten als denjenigen, während dessen Besitzzeit das Grundstück die Vorteile gehabt hat. Indessen ist durch die Bestimmung, daß der Veräußerer die Steuer zu zahlen habe, natürlich nicht erreicht, daß er sie auch trägt, denn der Veräußerer kann sie durch Preisaufschlag auf den Käufer abgewälzt haben. Daher würde dieser Gesichtspunkt nicht der unbedingt entscheidende sein können. Eine andere Erwägung führt aber zu dem gleichen Ergebnis: Die Bestimmung, daß nur die eine Partei, und zwar der Veräußerer, der Steuerschuldner sein soll, hat nämlich auch den Vorteil, daß die Parteien bei Abschluß des Vertrages ganz sicher darüber sein können, wem diese Last zufallen wird, während im anderen Falle der Käufer bald mehr, bald weniger mit der Möglichkeit rechnen muß, die Steuer werde vom Verkäufer nicht beizutreiben sein und dann von ihm gezahlt werden müssen. So erscheint die Haftung nur der einen Partei auch im Interesse des Grundstückshandels als das richtige [1]). Allerdings werden Ausfälle nicht ausbleiben, sofern ihnen nicht in so radikaler Weise vorgebeugt werden kann, wie es der Reichsgesetzentwurf im § 21 vorsieht. Danach dürfen die Grundbuchämter keine Auflassung vornehmen, bevor nicht die Wertzuwachssteuer entrichtet ist (vgl. unten S. 134).

---

[1]) Diehl zieht S 733 aus der Regelung der Haftung — meines Erachtens mit Recht — Folgerungen für die Abwälzungsmöglichkeit

IV. Die — direkte — Wertzuwachs-Grundsteuer.

Haben wir bei der Besprechung der indirekten Wertzuwachssteuer von einer Betrachtung ihrer geschichtlichen Entwicklung der Raumersparnis wegen abgesehen, so scheidet sie hier wegen Mangel an Stoff aus. Eine eigentliche direkte Wertzuwachssteuer hat in europäischen Landern noch nirgends bestanden. Ihre oben erwähnten Vorläufer[1]) sind dies nur in sehr bedingtem Sinne. Die Steuerordnung von Kiautschou muß eigentlich auch schon deshalb ausscheiden, weil sie eine Verbindung von direkter und indirekter Steuer darstellt, indem die direkte Steuer nur von denjenigen Grundstücken erhoben wird, die innerhalb von 25 Jahren ihren Besitzer nicht gewechselt haben. Aus dem gleichen Grunde der Verbindung von direkter und indirekter Steuer kann der von Pabst, S. 363 ff., angegebene Weg zur Erfassung der Bodenkonjunkturgewinne im nachfolgenden nicht zugrunde gelegt werden. Jedoch ist auf seine Gedanken in mehreren Beziehungen noch zurückzukommen. Dagegen verdient Erwähnung ein auch von Brunhuber, S. 17, erwähnter Antrag des Stadtverordneten Zilkens in Köln, der wie folgt lautete: „..... Es wird eine Wertzuwachssteuer eingeführt in der Weise, daß die für 1901—1902 erfolgte Einschätzung zur Grundsteuer zur

---

[1]) Keine Wertzuwachssteuer stellt das bremische Gesetz vom 13. März 1873 dar, welches Brunhuber offenbar in unrichtiger Auffassung einer Äußerung von Wagner (S. 567) als Vorläufer der Wertzuwachsbesteuerung erwähnt. Dieses Gesetz bezweckte zwar eine höhere Besteuerung des baureifen und fast baureifen Geländes in der Nähe der Stadt, fand seinen Maßstab aber nicht in dessen Wertzuwachs, sondern in seinem — für zehnjährige Schätzungsperioden zu ermittelnden — „Verkaufswert“ (§ 2 des bremischen Gesetzes). Die schlechten Erfahrungen, die mit diesem Gesetz und seinen „Verbesserungen“, Gesetz vom 13. Dezember 1874, gemacht worden sind, und die zu seiner Aufhebung durch Gesetz vom 11. Oktober 1878 führten, können daher nicht gegen die direkte Wertzuwachssteuer angeführt werden (vgl. Pabst, S. 360). Sie konnten ein — übrigens nur historisches — Bedenken gegen die Grundsteuer nach dem gemeinen Werte abgeben. Aber diese hat sich ja für die heutigen deutschen Verhältnisse überall als leicht durchführbar und durchaus gerecht erwiesen. Wie übrigens auch Hansen in seinem über dies Gesetz erstatteten Gutachten andeutet (S. 89 daselbst), ist dessen einzelner Übelstand der gewesen, „daß es unter günstigen Konjunkturen (1873) erlassen sei und nun die hohen Taxate zu den ungünstigen Konjunkturen nicht paßten“. Die Richtigkeit dieser Annahme wird einer Erläuterung nicht bedürfen.

Grundlage genommen und der dagegen im jeweiligen Etatsjahre bei Veranlagung zur Gemeindegrundsteuer eingetretene Wertzuwachs zu einer besonderen Steuer von 2 M für jedes Tausend veranlagt wird."

Daß bisher eine reine direkte Wertzuwachssteuer noch nicht praktisch geworden ist, obgleich sie von Männern wie Adickes empfohlen wurde, wird für manchen Praktiker, der dem eigenen Urteil etwas mißtrauisch gegenübersteht, Anlaß genug sein, sich ablehnend oder doch skeptisch zu verhalten. Zweifellos zu Unrecht, denn eine Erklärung für die bisherige Nichteinführung der Steuer ergibt sich ohne weiteres — rechtshistorisch — aus der Tatsache, daß das Komunalabgabengesetz ihrer Einführung bis zum Erlaß des Deklarationsgesetzes vom 24. Juli 1906, wie sich gleich zeigen wird, tatsächlich entgegenstand.

Hiermit ergibt sich zugleich ein Anlaß, die Frage der gegenwärtigen rechtlichen Zulässigkeit einer kommunalen Wertzuwachs-Grundsteuer wenigstens für Preußen zu prüfen.

Reichsgesetzliche Vorschriften stehen einer solchen Steuer zweifellos nicht entgegen und würden ihr auch nach Inkrafttreten des Reichszuwachssteuergesetzes nicht entgegenstehen; denn der § 57 des Entwurfes verhindert die künftige Besteuerung des Wertzuwachses durch Staat und Gemeinden nur mit ausdrücklicher Beschränkung auf die Besteuerung des Zuwachses bei der Veräußerung von Grundstücken (vgl. auch unten S 151).

Für die Prüfung der landesrechtlichen Zulässigkeit in Preußen kommt nur das Kommunalabgabengesetz in Betracht, und zwar soll unter vorläufiger Ausscheidung der Frage, ob die Rechtslage durch Erlaß des Deklarationsgesetzes geändert worden ist, nur untersucht werden, ob die jetzige Fassung eine direkte Wertzuwachssteuer zuläßt.

Da die Steuer in Form von Zuschlägen zur Grundsteuer — am besten zur Grundsteuer nach dem gemeinen Wert — erhoben werden soll, also in der Form der Grundsteuer erscheint, so kann die Untersuchung nur von den §§ 25 und 27 des Kommunalabgabengesetzes in Verbindung mit dem Deklarationsgesetz ausgehen.

Nach diesen Vorschriften kann die Umlegung besonderer Gemeindegrundsteuern erfolgen „insbesondere nach dem Reinertrage bzw. Nutzungswerte eines oder mehrerer Jahre, nach der Pacht bzw. dem Mietwerte oder dem gemeinen Werte der Grundstücke oder Gebäude, nach den in der Gemeinde stattfindenden Abstufungen des Grundbesitzes oder nach einer Verbindung mehrerer dieser Maßstäbe (§ 25). Die Steuern vom Grundbesitze sind nach gleichen Normen und Sätzen zu verteilen (§ 27), doch stehen die §§ 20 und 27 einer Abstufung der Steuersätze nicht entgegen. Ebensowenig schließt der § 27 aus, daß einzelne Grundstücksarten oder Besitzgruppen nach verschiedenen Normen besteuert werden" (Deklarationsgesetz). Neben diesen Bestimmungen des Gesetzes selbst bleibt aus der Entstehungsgeschichte des Deklarationsgesetzes hauptsächlich noch eine Stelle aus dem im Herrenhause mündlich erstatteten Kommissionsbericht zu erwähnen, woselbst es als allgemein gebilligte Auffassung festgestellt wurde, daß die Ausdrücke „Abstufung", „Grundstücksarten" und „Besitzgruppen" in dem umfassendsten Sinne gemeint sind. Die im vorletzten Satze der Begründung gegebenen Beispiele sollen eben lediglich Beispiele sein... Durch den Ausdruck „Abstufung" werde auch der Fall mitgedeckt, in welchem aus irgendeinem Grunde, wie z. B. in Frankfurt a. M. infolge der Vereinigung der Mietssteuern und der Gebäudesteuer, die Sätze der Gebäudesteuer progressiv gestaltet sind.

Entspricht nun diesen Gesetzesvorschriften und diesem Auslegungsmaterial auch eine Umlegung der Grundsteuer nach dem gemeinen Wert und dem Wertzuwachs und eine progressive Abstufung des nach der letzteren Bemessungsgrundlage veranlagten Teiles der Steuer? Für die Beantwortung dieser Frage bietet sich noch weiteres gesetzliches Material in dem Absatz 2 des § 55 des Kommunalabgabengesetzes. Dort wird den Realsteuern der ihnen schon ihrer steuertheoretischen Natur nach innewohnende entgeltliche Charakter noch ausdrücklich beigelegt. Ein für eine besondere Grundsteuer in Aussicht genommener Maßstab wird demnach nur dann gesetzlich sein, wenn er geeignet ist, die der Steuer vom Gesetz zugewiesene Aufgabe bei der Bedarfsdeckung zu erfüllen. Da nun die Grundsteuer die für den Grundbesitz gemachten Aufwendungen decken soll, so ist für ihre Umlegung — neben den im § 25 a. a. O. aufgeführten Maßstäben — jeder andere als gesetzlich zu betrachten, der einen

Rückschluß darauf zuläßt, in welchem Umfange die Aufwendungen der Gemeinde den Wert des einzelnen Grundstücks erhöhen. Angesichts nun der Unmöglichkeit, die Höhe der hierdurch veranlaßten Wertsteigerung zahlenmäßig zu berechnen, ist die Unterstellung, daß in einer im ganzen größeren Wertsteigerung auch eine größere durch die Aufwendungen der Gemeinde geschaffene Wertsteigerung enthalten sei, zweifellos nicht von der Hand zu weisen. Insbesondere dürfte gerade der Maßstab der Wertsteigerung dem gesetzlichen Zwecke besser entsprechen als derjenige des gemeinen Wertes. Man kann doch auch die Ernährung eines Menschen sicher zutreffender nach seiner Gewichtszunahme als nach seinem absoluten Gewicht beurteilen.

Auf die Unzulässigkeit des Wertzuwachses als Grundsteuermaßstab daraus zu schließen, daß er nicht ausdrücklich mit aufgezählt ist (vgl. v. Frankenberg in Hirths Annalen 1906, S. 724), geht schon im Hinblick auf das Wort „insbesondere“ nicht an. Dieses kann vielmehr nur den Zweck haben, auch andere als die ausdrücklich aufgezählten Maßstäbe zuzulassen. Die Nichterwähnung erklärt sich zwanglos dadurch, daß im Jahre 1893 der Wertzuwachs ja noch kaum bekannt war. Ist aber der Wertzuwachs an sich ein gesetzlich erlaubter Maßstab für die Gemeindegrundsteuer, so kann — im Hinblick auf das Deklarationsgesetz — die progressive Ausgestaltung des Tarifes und eine Abstufung der Sätze für bebauten und unbebauten Grundbesitz nicht wohl zweifelhaft sein [1]).

Ist hiernach für das preußische Recht die Zulässigkeit der direkten Wertzuwachssteuer zurzeit anzuerkennen, so bedarf es doch noch einer kurzen Aufklärung, weshalb eine solche Steuer bisher noch nicht eingeführt wurde. Die Ursache liegt in der Fassung des § 27 des Kommunalabgabengesetzes, welcher gleiche Normen und Sätze verlangte und vor Erlaß des Deklarations-

[1]) Da sich nirgends nahere Untersuchungen uber die Frage der gesetzlichen Zulassigkeit der direkten Wertzuwachssteuer finden, mag es genügen. noch darauf hinzuweisen, daß der Dezernent fur preußische Kommunalsteuersachen im Ministerium des Innern, Geh Oberreg.-Rat Dr Freund, in seinem Kommentar zum Kommunalabgabengesetz, 7 Aufl, S 104 und 118, meine Auffassung teilt, desgleichen Prof Dr. Biermer in der Täglichen Rundschau vom 22. Juni 1909 und Reg-Rat Schutz im Preuß. Verw-Bl, Jahrg XXX, S 763 Vgl. auch daselbst S. 517 und Jahrg XXXI, S 187 f Ohne Begründung spricht sich dagegen nur Reg-Ass. Dr Zorn, a a O, Jahrg XXX, S. 688 aus

gesetzes so ausgelegt wurde, daß bebaute und unbebaute Grundstücke nicht verschieden behandelt werden durften, und daß Progressionen im Tarif verboten waren. Zweifel in dieser Richtung hatte schon Adickes im Jahre 1894 in seinen „Studien“ ausgesprochen. Für die Praxis ist es aber durchaus verständlich, daß kein Versuch gemacht wird, eine Steuer einzuführen, deren rechtliche Zulassigkeit von sachverständiger Seite als zweifelhaft hingestellt wird. Die Gemeinden scheuen sich außerordentlich — durchaus mit Recht —, ihre Autorität dadurch zu gefährden, daß sie Steuerordnungen beschließen, deren Gesetzlichkeit vom Oberverwaltungsgericht dann nicht anerkannt wird. — Nachdem dann aber im Jahre 1904 in Frankfurt a. M. und 1905 in Köln der Gedanke der Wertzuwachsbesteuerung in der indirekten Form zuerst praktisch geworden war, lag es für die Gemeinden, die dann folgten, Essen, Düsseldorf, Dortmund. Gelsenkirchen usw. um so näher, den gleichen Weg zu wählen, als die beiden ersten Steuerordnungen, von Einzelheiten abgesehen, sich anscheinend durchaus bewährten, indem sie bei guten Erträgen — zumal in Frankfurt a. M. — und mäßigen Veranlagungsschwierigkeiten den früher immer in erster Linie befürchteten lähmenden Einfluß auf den Grundstückshandel und die Bautätigkeit anscheinend nicht ausübten, jedenfalls nicht erkennen ließen. Es kann dann im weiteren Verlauf der Entwickelung nur natürlich erscheinen, wenn der Eindruck entstand, der Wertzuwachs müsse in dieser Form besteuert werden, die Wertzuwachssteuer sei eine indirekte Steuer. Man hat dabei auch zu berücksichtigen, daß das Steuerwesen, das sich in den kleineren Gemeindeverbänden noch wesentlich größerer Unbeliebtheit erfreut als in Staat und Reich, in den Kommunalverwaltungen eine relativ vernachlässigte Rolle spielt. Ein sehr hoher Prozentsatz aller Gemeindesteuerordnungen entsteht im Drange der Not, einen fertigen Etat zu balancieren, ein Moment, das sehr zum „Abschreiben“ anderer Steuerordnungen verleitet.

Wenn aber unter diesen Umständen anzunehmen ist, daß eine unbefangene Kritik und ein Streben, nach wirklich selbstständiger, vom Vorbild losgelöster Weiterbildung des Gedankens der Wertzuwachsbesteuerung zu gelangen, so gut wie ausgeschaltet war, so wird die bisherige Beschränkung der Wertzuwachssteuer auf die indirekte Form durchaus erklärlich.

Mit dieser Erkenntnis müßte jedes aus dem bisherigen Fehlen einer direkten Wertzuwachssteuer etwa entstehende Bedenken gegen diese Steuerform fallen; denn vor Einführung der ersten indirekten Steuerordnung hätten die gleichen Bedenken eine ebensolche Berechtigung gehabt.

Wenn bereits Wertzuwachs-Grundsteuerordnungen in Preußen in Geltung wären, würde eine Besprechung ihrer einzelnen Bestimmungen zweckmäßig in derselben Weise, wie es oben bei der indirekten Steuer geschah, erfolgen können, ohne daß diese Vorschriften vollständig in ihren typischen Formen wiedergegeben zu werden brauchten. Da eine solche Steuerordnung aber noch nicht besteht, so wird nachstehend zunächst der Entwurf einer direkten Wertzuwachsgrundsteuer im Zusammenhang abgedruckt.

Entwurf einer Grundsteuerordnung für die Stadtgemeinde X.

Auf Grund der §§ 23, 25, 27, 69, 70, 82 des Kommunalabgabengesetzes vom 14. Juli 1893 (G.-S. S. 152) und des Deklarationsgesetzes vom 24. Juli 1906 (G.-S. S. 376) wird mit Zustimmung der Stadtverordnetenversammlung für die Stadtgemeinde X. folgende Grundsteuerordnung erlassen:

§ 1.

Von allen im Stadtbezirk belegenen bebauten und unbebauten Grundstücken, soweit ihnen nicht nach § 24 des Kommunalabgabengesetzes vom 14. Juli 1893 Befreiung von der Gemeindesteuer vom Grundbesitz zusteht, wird eine Gemeindegrundsteuer nach den Bestimmungen dieser Steuerordnung erhoben.

§ 2.

Der Besteuerung wird teils der gemeine Wert (Wertsteuer), teils der Wertzuwachs (Wertzuwachssteuer) der steuerpflichtigen Grundstücke zugrunde gelegt.

§ 3.

Der nach dem gemeinen Wert zu veranlagende Teil der Grundsteuer (Wertsteuer) wird nach einem für jedes Steuerjahr durch Gemeindebeschluß festzustellenden und in ortsüblicher Weise bekannt zu machenden Satz von jedem Tausend des gemeinen Wertes der einzelnen Grundstücke erhoben. Dieser Satz kann für die unbebauten Grundstücke hoher sein als für die bebauten.

Bei der Berechnung wird ein angefangenes Tausend für voll gerechnet, wenn der überschießende Betrag die Summe von 500 M. übersteigt, andernfalls aber außer Ansatz gelassen.

§ 4.

Der nach dem Wertzuwachs zu veranlagende Teil der Grundsteuer (Wertzuwachssteuer) wird nach einem für jedes Steuerjahr durch Gemeindebeschluß festzustellenden und in ortsüblicher Weise bekannt zu machenden Tarif in Sätzen von jedem Hundert des Wertzuwachses (§ 5) der einzelnen Grundstücke erhoben.

Bei der Berechnung werden je 5 angefangene Hundert für voll gerechnet, wenn der überschießende Betrag die Summe von 250 M übersteigt, andernfalls aber außer Ansatz gelassen.

§ 5.

Der Wertzuwachs wird ermittelt, indem von dem Unterschiede zwischen dem gemeinen Wert zur Zeit der Veranlagung und demjenigen Wert, der 3 Jahre vorher bei der Veranlagung zur Gemeinde-Grundsteuer festgestellt worden ist (früherer Wert), die innerhalb dieser 3 Jahre entstandenen eigenen Aufwendungen (§ 6) abgezogen werden.

Ist der vor 3 Jahren festgestellte Wert niedriger als der vor 6 Jahren festgestellte Wert, so gilt der letztere bei Ermittlung des Wertzuwachses als früherer Wert.

§ 6.

Als eigene Aufwendungen können nur abgezogen werden: a) alle nachgewiesenen Ausgaben für die Bebauung und für sonstige dauernde Verbesserungen des Grundstückes einschließlich der Straßenbaukosten und der Kosten für den Anschluß an die Kanalisation sowie Kanalisationsbeiträge. Kosten für Neu- und Umbauten werden nicht berücksichtigt, soweit sie aus der Versicherung für Brände, Wasserschäden und dergl. gedeckt werden; b) für den Zeitraum, in dem das Grundstück im Sinne der Steuerordnung unbebaut war, der Unterschied zwischen den Einnahmen aus dem Grundstück und 3 % jährlicher Zinsen des früheren Wertes.

§ 7.

Die Wertzuwachssteuer wird nach folgenden Tarifen erhoben, deren Normalsätze durch die jährlichen Gemeindebeschlüsse nur in der Weise verändert werden konnen, daß ein für alle Abstufungen gleich bemessener Prozentsatz der Normalsätze von diesen abgezogen oder ihnen hinzugerechnet wird. Der Prozentsatz kann für die bebauten und die unbebauten Grundstücke verschieden sein.

Die Steuer beträgt

a) bei bebauten Grundstücken:

bei einem Verhaltnis des Wertzuwachses zu dem fruheren Wert, in Prozenten des letzteren	Prozente des Wertzuwachses (Normal-Sátze)
bis 5 %	¼ %
10 %	½ %
20 %	¾ %
40 %	1 %
70 %	1¼ %
100 %	1½ %
über 100 %	2 %

b) bei unbebauten Grundstücken:

bei einem Verhaltnis des Wertzuwachses zu dem fruheren Wert, in Prozenten des letzteren	Prozente des Wertzuwachses (Normal-Satze)
bis 10 %	1 %
20 %	1½ %
40 %	2 %
60 %	2½ %
80 %	3 %
100 %	3½ %
130 %	4 %
160 %	5 %
200 %	6 %
über 200 %	8 %

§ 8.

An die Stelle des gemeinen Wertes zur Zeit der Veranlagung tritt bei bebauten Grundstücken, die innerhalb der letzten 3 Jahre nicht veräußert worden sind, der nach den Vorschriften des § 9 zu ermittelnde Ertragswert, falls dieser niedriger ist als der gemeine Wert, und der Steuerpflichtige den letzteren nicht anerkennt.

§ 9.

Der Ertragswert ist gleich dem Einundzwanzigfachen der durchschnittlichen Bruttomietseinnahmen der letzten drei der Veranlagung vorausgegangenen Kalenderjahre, verkürzt um die durchschnittlichen Werbungskosten (§ 8, 1 des Einkommensteuergesetzes vom 19. Juni 1906).

Als Werbungskosten können für die nicht mit besonderen Einrichtungen versehenen Häuser 22 % der Bruttomieten in Abzug gebracht werden.

Nur wenn die durch die 22 % der Bruttomieten zu deckenden Werbungskosten den Betrag von 30 % der Bruttomieten übersteigen, können an Stelle der 22 % die tatsächlichen Werbungskosten in Abzug gebracht werden.

§ 10.

Sind innerhalb der letzten 3 Jahre Teile eines Grundstücks verkauft worden, so gilt, solange nicht eine andere Verteilung des früheren Wertes auf die mehreren Grundstücksteile nachgewiesen und von den Eigentümern aller Grundstücksteile anerkannt wird, als früherer Wert eines jeden Teilgrundstücks derjenige Teil des vor 3 Jahren ermittelten Wertes des ganzen Grundstücks, der nach dem Verhältnis der Flächen auf das einzelne Teilgrundstück entfällt. Die im § 12 vorgesehene Ermäßigung tritt in diesem Falle nur für diejenigen Teile des Grundstückes ein, deren Eigentümer gewechselt haben.

Die vor dem Abverkauf entstandenen Kosten für Straßenbau, einschließlich des Wertes unentgeltlicher Straßenlandabtretungen, für den Anschluß an die Kanalisation und für Kanalisationsbeiträge werden jedoch auf die verbliebenen Teilgrundstücke nach dem Verhältnis der Frontlänge verteilt.

§ 11.

Vermindert sich innerhalb der 3 Jahre nach Feststellung des Wertzuwachses der Wert eines Grundstücks nachweisbar mindestens um die Hälfte des ermittelten Wertzuwachses infolge von Ereignissen, welche nicht in einer Veränderung der allgemeinen Konjunktur oder der allgemeinen Verkehrs- oder Preisverhältnisse begründet sind, so findet auf Antrag vom Beginn des auf das Ereignis folgenden Vierteljahres an eine der Wertminderung entsprechende Ermäßigung der Wertzuwachssteuer statt.

Der Antrag muß binnen Jahresfrist nach Eintritt des Ereignisses schriftlich oder zu Protokoll beim Magistrat gestellt sein.

§ 12.

Hat innerhalb der letzten 3 Jahre vor der Feststellung des Wertzuwachses eine umsatzsteuerpflichtige Auflassung eines unbebauten Grundstücks stattgefunden, so ermäßigt sich die für die nächsten 3 Jahre zu veranlagende Wertzuwachssteuer vom Beginn des auf die vollendete Bebauung folgenden Vierteljahres an auf $^1/_3$ des nach dem § 7 dieser Steuerordnung zu veranlagenden Betrages.

Der § 13 würde sodann Bestimmung darüber treffen, welche Grundstücke als bebaut, welche als unbebaut anzusehen sind.

§ 14 würde Ermäßigungen der Wertsteuer und der Wertzuwachssteuer für gemeinnützige Baugesellschaften vorsehen können.

§ 15.

Die Feststellung des gemeinen Wertes fur die Wertsteuer erfolgt für jedes Steuerjahr, diejenige des Wertzuwachses immer für einen Zeitraum von je drei aufeinander folgenden Steuerjahren, die sich mit den drei Jahren der ordentlichen Veranlagung zur Ergänzungssteuer decken, durch den Steuerausschuß, erforderlichenfalls nach Anhorung von Sachverständigen.

Die weiteren Vorschriften würden sich vollig mit denjenigen der Steuerordnungen nach dem gemeinen Wert decken. Insbesondere würde ein Paragraph vorzuschreiben haben, daß die Steuer in Vierteljahrsteilen im voraus zu entrichten ist. Eine „Übergangsvorschrift" hätte etwa zu lauten: „Bei der ersten nach dieser Steuerordnung erfolgenden Ermittlung des Wertzuwachses gilt als früherer Wert der bei der Ergänzungssteuerveranlagung im Jahre .... festgestellte gemeine Wert."

Während bei der indirekten Wertzuwachssteuer alle diejenigen Schwierigkeiten, die für jede an bestimmte Rechtsvorgange sich anschließende indirekte Steuer bestehen, in besonderem

Maße zu finden waren, nämlich bei der Abgrenzung derjenigen Rechtsvorgänge, an die sich eine Steuerpflicht anschließen sollte, so fallen diese Schwierigkeiten bei der direkten Wertzuwachssteuer ohne weiteres fort. Denn die **direkte Wertzuwachssteuer erfaßt infolge ihrer realen Form allen und jeden Wertzuwachs**, der überhaupt nachgewiesen werden kann. Die Steuerpflicht entsteht hier nicht erst durch einen das Grundstück betreffenden Rechtsvorgang, durch dessen Eintritt die Besteuerung des Wertzuwachses bedingt ist, sondern schon durch die Tatsache des Wertzuwachses selbst. Daraus folgt denn, daß Fälle, in denen ein vorhandener Wertzuwachs der Steuer entgeht, nicht vorkommen können. Diese Fälle stellten sich bei der indirekten Steuerform teils als Umgehungen, teils als Ereignisse dar, an die aus verschiedenartigen Erwägungen eine Steuerpflicht nicht geknüpft werden sollte oder — bei den Gemeinden — wegen Verbotes durch Reichsgesetz (Erbschaft, Schenkung) oder durch staatliche Aufsichtsbehörden (Enteignung) nicht geknüpft werden konnte.

Da nun bei Steuern, die in erster Linie dem Prinzip der verhältnismäßigen Gleichheit unterstehen, das Prinzip der Allgemeinheit die Bedeutung gewinnt, daß der gewählte Besteuerungsmaßstab auch auf alle Tatbestände Anwendung findet, auf die er an sich überhaupt paßt, so muß in der viel vollständigeren Erfassung des Wertzuwachses durch die direkte Steuerform ein um so größerer Vorzug vor der indirekten liegen, je zahlreicher die Umgehungen und die sonstigen Befreiungen bei der indirekten Steuer sind. Daß beides in großem Umfange der Fall ist, haben wir oben (S. 52 ff.) erörtert. Zu erwähnen bleibt noch, daß das Bestreben, den Umgehungen vorzubeugen, in einer Art von Wechselwirkung notwendigerweise zu einer erheblichen für das Wirtschaftsleben höchst schädlichen Unterdrückung oder Erschwerung von solchen Rechtsgeschäften und Verhältnissen des Verkehrslebens führt, die zwar ausnahmsweise zu Umgehungen benutzt werden oder benutzt werden können, die aber im übrigen wichtigen Interessen des Rechtsverkehrs dienen, ohne daß der Tatbestand die Erhebung einer Steuer innerlich rechtfertigt.

Andererseits fallen nun aber die Rechtsvorgänge, an welche die indirekte Steuerordnung die Steuerpflicht knüpft, zusammen mit der sogenannten „Realisierung" des Gewinnes durch den bisherigen Eigentümer. Dieses Moment der Realisierung ist vielfach derart in den Vordergrund gerückt worden, daß es zuweilen geradezu als notwendige begriffliche Voraussetzung[1]) für die Besteuerung des Wertzuwachses hingestellt wurde, daß mindestens ein ganz besonderer Vorteil darin gesehen wurde, daß die Steuer in dem Moment zu zahlen war, in dem „ein mühelos erlangter Gewinn dem Steuerpflichtigen große Barbeträge zuführt". So sagt auch z. B. die Begründung zum Reichsgesetzentwurf (S. 17): Es liegt der Gedanke zugrunde, daß der Steuerpflichtige von der ... Werterhöhung einen Teil ... in dem Augenblick abführen soll, in welchem er den Zuwachs in Geld und Geldeswert umgesetzt erhält. Bredt (S. 7) fordert dagegen nur soviel, daß der Wertzuwachs nach Geldbeträgen meßbar ist und nicht lediglich in einer Steigerung des inneren Gebrauchswertes — im Gegensatz zu einer Erhöhung des Tauschwertes — besteht, und daß der Wertzuwachs tatsächlich in die Erscheinung getreten ist. Dem wird insoweit zuzustimmen sein, als ein „Tatsächlich-in-die-Erscheinung-Treten" nicht nur in der Veräußerung gesehen wird, sondern z. B. auch in höherer hypothekarischer Belastung oder — bei bebauten Grundstücken, zuweilen aber auch bei unbebauten Grundstücken — in höheren Erträgen.

Auf die hoheren Erträge kann freilich nur für den Fall hingewiesen werden, daß die Wertzuwachssteuer ihrer Höhe nach aus diesen höheren Erträgen bestritten werden kann. Bei einer Steuerhöhe, wie sie nach den indirekten Steuerordnungen die Regel ist, würde dies nicht möglich sein. Für die direkte Steuerform, die als mäßiger Zuschlag zur Grundsteuer erscheint, kann es dagegen nicht zweifelhaft sein, umsoweniger als die Steuer ja nur veranlagt werden kann, nachdem die höheren Erträge schon tatsächlich erzielt worden sind (s. § 9 der obigen Steuerordnung). Soweit daher der Ertragswert dem gemeinen Wert substituiert wird, also bei bebauten Grundstücken, ist der Einwand, die direkte Wertzuwachssteuer besteuere „fingierte" Werte, „nicht realisierte" Vorteile, unbedingt hinfällig. Aber auch für die unbebauten Grundstücke stellt sich kein besonderer der direkten Steuerform eigentümlicher Nachteil heraus; denn auch für die indirekte Wertzuwachssteuer ist es nicht durchweg richtig, daß sie nur realisierte Gewinne besteuere. Dies würde nur dann der Fall sein, wenn unter

[1]) Vgl. von Frankenberg, S 722 und Adickes in der Deutschen Juristenzeitung, Bd 11, S 281 ff.

allen Umständen der gezahlte Verkaufs p r e i s maßgebend wäre. Wie wir sahen, geben aber die meisten Steuerordnungen der Veranlagungsbehörde die Befugnis und damit die Pflicht, über den Verkaufs p r e i s hinaus einen etwaigen höheren gemeinen W e r t der Berechnung zugrunde zu legen. In allen diesen Fällen wird auch mit der indirekten Steuerform nicht realisierter Wertzuwachs besteuert, nur mit dem Unterschied, daß die indirekte Steuer von diesem Mehrwert bis 25 % fordert, die direkte 3 Jahre hindurch vielleicht je 3 oder 4 Prozent[1]).

Es kommen aber noch weitere Erwägungen in Betracht, nach denen der vermeintliche Nachteil der direkten Wertzuwachssteuer, der in der Besteuerung nicht realisierten Gewinnes liegen soll, völlig verschwindet.

Vom Gesichtspunkte des Grundgedankens der Wertzuwachssteuer aus, d. h. für die Interessentheorie, muß jeder Zeitpunkt für die Erhebung der Steuer geeignet erscheinen, in dem die durch die Gemeinde geschaffenen Vorteile und die ihr entsprechenden Ausgaben nachweisbar bzw. geleistet sind. Daß die Vorteile r e a l i s i e r t sind, kann — allein von diesem Gesichtspunkt aus betrachtet — nicht gefordert werden. Denn hier steht nicht in Frage, ob ein E i g e n t ü m e r mit seinem Grundstück einen Gewinn erzielt hat, sondern ob das G r u n d s t ü c k besondere Vorteile gehabt und besondere Gemeindelasten verursacht hat. Von diesem mehr privatwirtschaftlichen Standpunkte aus würde es sogar gerechtfertigt erscheinen, daß die im Interesse eines anderen gemachten Aufwendungen schon dann entgolten werden, wenn sie gemacht sind, nicht erst, wenn sie dem anderen Teile Vorteile gebracht haben.

Zwar liegt, da die direkte Wertzuwachssteuer in Form der Grundsteuer erscheint, der Einwand nahe, daß die sogenannten Real- oder Ertragssteuern doch auch erst den realisierten Ertrag besteuern. Indessen ist dies zwar für die staatlich veranlagte Gewerbesteuer zum Teil und für die staatlich veranlagte Gebäudesteuer ganz richtig. Aber es ist keineswegs eine für alle Realsteuern grundsätzlich zu stellende Forderung; vielmehr hat bekanntlich die Praxis mit Recht zahlreiche andere Besteuerungsmaßstäbe

---

[1]) Die Höhe der Steuersätze ist für die Beurteilung einer Besteuerung nicht realisierten Gewinnes natürlich von besonderer Wichtigkeit. Vgl. darüber noch unten S. 102.

für die Ertragssteuern gefunden. Zu erwähnen ist besonders die Grundsteuer nach dem gemeinen Werte, die ja von dem erzielten Ertrage gänzlich absieht, die Gewerbesteuer, soweit für sie das Anlage- und Betriebskapital maßgebend ist. Endlich bleibt auch noch für diejenigen Realsteuern, die nach dem Ertrage erhoben werden, zu beachten, daß auch deren Ertrag nicht immer bar realisiert ist. So z. B. häufig nicht bei dem gewerblichen Ertrage, und zwar überall dort, wo seine Ermittlung zum Teil auf der Bewertung von eigenen Beständen, von Waren, Wertpapieren, Nutzungsrechten, Forderungen oder Beteiligungen beruht, mit anderen Worten in der großen Mehrzahl aller größeren gewerblichen Betriebe, soweit kaufmännische Buchführung vorliegt. Besondere Bedeutung hat diese Ertragsermittelung durch Bewertung eigener Bestände bei Bankgeschäften und ferner bei solchen Warengeschäften, die von der Mode abhängen (Garderobe aller Art, Möbel usw.), oder deren Waren schnell minderwertig werden.

Schon hiernach kann die Besteuerung nicht realisierten Gewinnes weder als theoretisch unberechtigt, noch als eine der Wertzuwachsgrundsteuer eigentümliche Erscheinung angesehen werden.

Sodann ist aber bei dieser Frage streng auseinanderzuhalten, ob der direkten Wertzuwachssteuer vorgeworfen werden soll, daß sie zwar wirklich vorhandenen, aber noch nicht realisierten Wertzuwachs besteuere, so daß die Härte nur in dem derzeitigen Fehlen des baren Gewinnes gesehen wird, und die Steuer als zu früh erhoben erscheint, oder ob damit zugleich gesagt werden soll, daß der jetzt vorhandene Wertzuwachs wieder verschwinden werde oder könne, so daß die Steuer nicht nur zu früh, sondern überhaupt zu Unrecht erhoben sei.

In ersterer Beziehung kommt auch in Betracht, daß in der Besteuerung nur des realisierten Gewinnes auch deshalb ein Vorteil der indirekten Steuer gesehen wird, weil diese vermeintlich in einem Augenblick gefordert wird, in dem der Steuerpflichtige soviel bares Geld in Händen hat, daß ihm die Steuer gar nicht fühlbar wird. Freilich ist diese Annahme schon wegen der Höhe der Steuer etwas sehr kühn, selbst für den Fall, daß tatsächlich der volle erzielte Gewinn bar zur Auszahlung gelangt. Letzteres ist jedoch nur in einem Teil der Fälle anzunehmen. Und selbst dort, wo es der Fall ist, oder wo der Käufer wenigstens eine erhebliche bare Anzahlung zu leisten hat, wird der Verkäufer nur selten gewissermaßen nicht wissen, wohin mit dem Gelde. Nicht in dem Sinne, als ob er keine Gelegenheit wüßte, um das Kapital anzulegen, sondern deshalb, weil er vielleicht seit Jahren auf die Realisierung dieses Gewinnes gewartet und über die zu erwartende Anzahlung, die er sich gerade in dieser Höhe für seine Pläne ausbedingen mußte, bereits lange für dringend notwendige Zahlungen disponiert hat. Solchen Fällen gegenüber einfach als Regel anzunehmen, von dem bar realisierten Gewinn werde die Steuer unmerklich abgezogen werden können, ist doch zu theoretisch und den Verhältnissen, wie sie sehr häufig liegen, zu fremd. Daß z. B. Bauunternehmer und gewerbliche Grundstückshändler sehr häufig in solcher Lage sind, und daß über die vielfach nur recht mäßigen Barbeträge, die auf die verkauften Häuser und Baustellen angezahlt werden, im voraus lange verfügt ist, wird keines Nachweises bedürfen. Ähnliche Lagen werden sich aber auch sonst ergeben, und dieser Vorteil der indirekten Steuer, daß sie leicht getragen, weil aus dem baren Gewinn bestritten werde, ist daher sehr oft imaginär.

Hinsichtlich des anderen Bedenkens, daß der zwar vorhandene und versteuerte Gewinn vor der Realisierung vielleicht wieder einem Verlust Platz gemacht haben könne, ist zunächst festzustellen, daß sich beim gewerblichen Ertrage die gleiche Erscheinung zeigt. Angenommen, ein Bankier kauft billig irgendwelche Papiere, sie steigen auf das Doppelte im Kurse und vermehren, nach dem Kurswerte in die Bilanz aufgenommen, den Gewinn sehr erheblich, ohne daß er realisiert ist. Trotzdem muß er zunächst versteuert werden. denn die Aufnahme nach dem Kurswerte ist dem Kaufmann für Wertpapiere bekanntlich vorgeschrieben. Freier ist er bei Waren und Forderungen. Und man wird zugunsten der gewerblichen Ertragsermittelung und gegen die direkte Wertzuwachssteuer auch das ins Feld führen, daß der Kaufmann seine Bestände selbst bewertet, während die Schätzung des gemeinen Wertes durch die Steuerbehörde erfolgt. Damit ist aber keineswegs gesagt, daß diese Schätzung zu hoch ausfallen wird oder muß. Das zeigen die Erfahrungen bei der Grundsteuer nach dem gemeinen Wert, und überdies haben die Gemeinden, wie unten (vgl. S. 101) noch näher zu erörtern ist, gar keine Ursache, bis an die äußerste Grenze des gemeinen Wertes zu gehen. Überdies soll auch der Kaufmann den wirklichen Wert einsetzen, so daß eine zu niedrige Bewertung zu einer Steuerhinterziehung führen würde.

Also auch in dieser Beziehung kann die Wertzuwachs-Grundsteuer den Vergleich mit anderen Ertragssteuern, insbesondere der Gewerbesteuer und der Grundwertsteuer, sehr wohl aushalten. Denn das Auf und Ab des Wertes ist zumal bei Wertpapieren und Forderungen noch stärker als beim Grundbesitz. Freilich kommt ein Sinken im Wert beim nächsten Abschluß in voller Höhe als Verlust zum Ausdruck, so daß also einer etwaigen zu hohen Steuer des einen Jahres eine um so niedrigere des folgenden Jahres gegenübersteht. Aber einmal ist beim Grundbesitz ein derartiges Auf und Ab im Werte viel seltener, vor allem aber auf die Dauer ein Sinken in solchen Gemeinden, für welche die Wertzuwachssteuer überhaupt paßt, so gut wie ausgeschlossen. Außerdem aber bietet sich die unbeschränkte Moglichkeit, derartige Wertminderungen bei der direkten Wertzuwachssteuer voll zu berücksichtigen (vgl. oben S. 82, § 5 der St.-O., und unten S. 105).

Die Aufnahme einer derartigen Vorschrift ist um so unbedenklicher, als sie wegen des statistisch längst nachgewiesenen allmählichen Steigens aller Bodenpreise selten praktisch werden wird. Ihre Bedeutung würde vielmehr im wesentlichen darin bestehen, daß sie dem erwähnten möglichen Einwand, der bereits versteuerte Wertzuwachs könne vor der Realisierung wieder verschwinden, so daß die Steuer zu Unrecht verlangt sei, die Spitze abbrechen.

Endlich aber ist anzunehmen. daß die Veranlagung zur Wertzuwachssteuer wie eine Bescheinigung des höheren Wertes wirken, daher dem Grundbesitzer in vielen Fällen, besonders für den Verkauf sehr wertvoll und erwünscht sein wird. Sie wird ihm die Erlangung von Kredit und beim Verkauf die Erzielung eines angemessenen Preises wesentlich erleichtern. Hierin liegt also sogar ein Vorteil der Besteuerung nicht realisierten Gewinnes.

Nach dem Gesagten halte ich auch meine schon im Preuß. Verwaltungsblatt vom 8. Mai 1909 vertretene Auffassung vom Wertzuwachs als einer dem Grund und Boden spezifischen Art des Ertrages aufrecht. Grundstücke liefern nach dieser Auffassung zwei Arten von Erträgen die laufenden Nutzungen und die — in Zeiträumen von einiger Länge feststellbaren — im wirtschaftlichen Tauschverkehr auch ohne Verkauf verwertbaren Wertsteigerungen. Dem Grund und Boden spezifisch ist diese Art des Ertrages einmal insofern, als er bei ihm nicht wie bei der üblichen Art der gewerblichen Ertragsermittelung als Teil des jährlichen Nutzens erscheint, und zweitens, weil er die Eigentümlichkeit hat, mit der fortschreitenden Bevölkerungsvermehrung, wenn auch zuweilen in kleinen Wellenlinien, so doch schließlich dauernd zu steigen. Diese zweite Art des Ertrages ist nicht gleich der kapitalisierten sogenannten Zuwachsrente der Bodenreformer und ebenso wenig ist es der „unverdiente“ Wertzuwachs, wie er den indirekten Steuerordnungen vorschwebt. Sondern es ist ein Mehr. In dem „unverdienten“ Wertzuwachs soll — theoretisch betrachtet — natürlich kein Wertteil vorhanden sein, der auf irgendwelche Kapitalsaufwendung, Arbeit oder Unternehmertatigkeit zurückgeht. In dem Wertzuwachsertrag dagegen ist der Gegenwert für die aufgewandte Arbeit mit enthalten. Andererseits fällt der Wertzuwachs-Ertrag nicht zusammen mit der ganzen Wertsteigerung des Grundstücks. Letztere enthält als das Gesamtprodukt aller wertsteigernden Momente auch den Gegenwert für das aufgewandte Kapital. Dieser soll auch bei der direkten Wertzuwachssteuer aus der vollen Wertsteigerung ausgesondert werden. Nur der verbleibende Teil stellt den Wertzuwachs-Ertrag dar. Dagegen wird nicht der Versuch gemacht, festzustellen, ob und wieviel Gegenwert für geleistete Arbeit in diesem Ertrage noch enthalten ist.

Für die prinzipielle Rechtfertigung der diesen Wertzuwachsertrag besteuernden Wertzuwachsgrundsteuer genügt völlig die Feststellung, ja die Annahme, daß ein wesentlicher Teil davon auf die Aufwendungen der Gemeinde und anderer offentlicher Verbande zurückzuführen ist.

Erkennt man diese besondere Art des Ertrages von Grund und Boden an, was anscheinend von Bredt (S. 37) geschieht, indem er den alle fünf Jahre festzustellenden Wertzuwachs als Einkommen mit der Einkommensteuer besteuern will, so erscheint die direkte Wertzuwachssteuer als natürliche, ja notwendige Ergänzung derjenigen Ertragsbesteuerung, die wie die gewöhnliche Grundsteuer nur die laufenden Nutzungen erfaßt. Insbesondere kann dann auch keine doppelte

Besteuerung des Ertrages gesehen werden, auch nicht desjenigen Teiles, der durch eigene Arbeit erzielt ist. Denn auch hier ist zu unterscheiden einmal diejenige Tätigkeit, die auf die Erzielung der jährlichen Nutzungen verwandt wird, den laufenden Ertrag schafft, und die mit der gewöhnlichen Grundsteuer erfaßt wird, und sodann diejenige Tätigkeit, die auf eine Werterhöhung des Grund und Bodens selbst gerichtet ist, und die dann konsequenterweise auch von der Wertzuwachs-Grundsteuer nicht freigelassen zu werden braucht. — So ergibt sich zugleich, daß das, was bei der indirekten Wertzuwachssteuer theoretisch gefordert, praktisch aber vergebens versucht wird und daher einen erheblichen Mangel der indirekten Steuerform bedeutet, nämlich die Ausschaltung des durch Arbeit verdienten Teiles im Wertzuwachs, daß das für die direkte Steuer gar nicht gefordert zu werden braucht.

Die vorstehende Auffassung von der Ertragsnatur des Wertzuwachses braucht nun übrigens keineswegs anerkannt zu werden, um die direkte Wertzuwachssteuer zu rechtfertigen. Denn da der Ertrag nicht der einzige Maßstab ist, mittels dessen das Interessenprinzip verwirklicht werden kann, so genügt für ihre Rechtfertigung an sich völlig die — unbestreitbare — Tatsache, daß der Wertzuwachs einen Rückschluß auf die Hohe der Vorteile aus den Gemeindeaufwendungen gestattet (vgl. oben S. 79).

Nach den bisherigen Erorterungen bedarf die Kritik des Wertzuwachsbegriffs der direkten Wertzuwachssteuer nur noch weniger ergänzender Ausführungen.

Wenn die Wertzuwachs-Grundsteuer ihrer äußeren Form nach in dem obigen Entwurf als Zuschlag zur Grundwertsteuer erscheint, so ist dies zwar nichts Begriffliches, aber nach den letzten Ausführungen auch insofern gerechtfertigt, als eben die Grundwertsteuer den laufenden Nutzungsertrag, der Wertzuwachszuschlag den Wertzuwachsertrag erfassen soll. Man konnte diese Parallele noch ergänzen mit der Annahme, daß die Wertsteuer mehr gedacht ist als Ersatz der Aufwendungen der Gemeinde, die Wertzuwachssteuer dagegen mehr als Entschädigung für die Vorteile des Grundbesitzes. Das wäre auch insofern haltbar, als die Aufwendungen der Gemeinden notwendigerweise immer annähernd gleich hoch bleiben, während die Vorteile, die der Grundbesitz von ihnen hat, stärker wechseln werden. — Im übrigen ist die organische Verbindung gerade mit der Grundsteuer nach dem gemeinen Wert, wie gesagt, keineswegs notwendig, praktisch aber schon deshalb zu empfehlen, weil die etwa dreijährige Feststellung des gemeinen Wertes doch schon für die Wertzuwachssteuer erforderlich wird, so daß die Veranlagung der Grundwertssteuer daneben kaum noch Schwierigkeiten machen kann. Es ist aber auch sehr wohl möglich, die Wertzuwachssteuer mit einer Zuschlagsbelastung der staatlich veranlagten Steuern zu verbinden. Der § 2 würde dann etwa zu lauten haben: „Die Besteuerung erfolgt teils durch Erhebung von Zuschlägen zur staatlich veranlagten Grund- und Gebäudesteuer, teils durch Erhebung eines Zuschlages nach dem Wertzuwachs."

Durchaus hinfällig würde der Einwand sein, daß die Gemeinden durch eine Wertzuwachs-Grundsteuer einen eigentlichen Mehrertrag nicht erzielen könnten, und zwar wegen der in den §§ 54 ff. des Kommunalabgabengesetzes vorgeschriebenen Relation zwischen Einkommen und Realsteuern. Allerdings würde der Prozentsatz der staatlich veranlagten Steuern durch den Mehrertrag aus dem Wertzuwachszuschlag steigen müssen; aber einmal sind Abweichungen von der im § 54 aufgestellten Regel aus „besonderen Gründen" gestattet, und ein solcher „besonderer Grund" dürfte schon darin liegen, daß durch den Wertzuwachszuschlag nur ein Steuerertrag aufgebracht werden soll, der bis dahin auch schon vom Grundbesitz getragen wurde, wenngleich in der Form der indirekten Wertzuwachssteuer. Und außerdem wird die Aufsichtsbehörde einer Gemeinde, in der eine direkte Wertzuwachssteuer besteht, bei der Genehmigung von mehr als 150 % Zuschlägen auch die Gesamtbelastung des Grund und Bodens ins Auge fassen und nicht lediglich das Verhältnis der Realsteuern zur Einkommensteuer und untereinander. Daher können die Gemeinden auch nach dem geltenden Recht durch den Übergang zur Wertzuwachs-Grundsteuer einen ebenso hohen Mehrertrag erzielen als durch Einführung der indirekten Wertzuwachssteuer (vgl. auch Preuß. Verw.-Bl., Jahrgang XXX, S. 518 und XXXI, S. 341).

Da wir bereits oben gesehen hatten, daß die Frage, ob die Abzüge für Kapitalaufwand vom Verkaufspeis abzuziehen oder dem Erwerbspreis hinzuzurechnen sind, nicht eine Frage der Ermittelung des Wertzuwachses, sondern eine solche der Tarifgestaltung ist, muß die oben im § 5 vorgeschlagene Art der Ermittlung des Wertzuwachses ohne weiteres richtig erscheinen. Es wird eben zunächst die ganze Wertsteigerung ermittelt und sodann durch Ausschaltung des durch den Produktionsfaktor Kapital geschaffenen Teiles der Wertzuwachs-Ertrag dargestellt. Daß für die Ermittlung der ganzen Wertsteigerung von dem vor 3 Jahren bereits festgestellten Wert ausgegangen wird, ohne daß der Einwand, dieser Wert sei zu niedrig festgestellt, zulässig ist, entspricht ebenso sehr der Billigkeit wie der Rücksichtnahme auf Vereinfachung der Veranlagung.

Die Abzüge für Kapitalsaufwand regelt der § 6 des Entwurfes und für den Sonderfall, daß innerhalb der letzten 3 Jahre ein Abverkauf stattgefunden hat, der § 10 Satz 2.

Die Abzugsfähigkeit der Ausgaben für die Bebauung und für sonstige dauernde Verbesserungen einschließlich der Straßenbau- und Kanalisation-Herstellungskosten bedarf kaum einer weiteren Erläuterung.

Nur die dauernden Verbesserungen dürfen abgezogen werden, weil vorübergehende den jetzigen Wert nicht mehr erhöhen. Dagegen wird nicht der Versuch gemacht, aus dem ursprünglich aufgewandten Kapitalsbetrage noch wieder denjenigen Teil auszusondern, der eine „zur Zeit des Eintrittes der Steuerpflicht“ — also hier zur Zeit der Veranlagung — „noch fortbestehende Werterhöhung“ zur Folge hat. Denn abgesehen davon, daß dieser Versuch ebenso wie bei der indirekten Steuer trotz zahlloser vergeblicher Schwierigkeiten nie gelingen kann, wird für die Regel auf nennenswerte Veränderungen des durch die Aufwendungen geschaffenen Teiles des jetzigen Wertes nicht zu rechnen sein. Im allgemeinen ist davon auszugehen, daß im Augenblick der Kapitalsverwendung der so erhöhte Kostenwert in einer **annähernd** gleich hohen Steigerung des gemeinen Wertes Ausdruck finden wird. Eine Kontrolle darüber aber, welche Veränderungen dieser Kostenwert unter dem Einflusse der beiden Wertfaktoren der Seltenheit und der Dringlichkeit des Bedürfnisses erleidet, hatten wir bereits als unmöglich ausgeschieden. Sicherlich aber sind für einen nur dreijährigen Zeitraum diese Einwirkungen durchschnittlich viel schwächer als nach Ablauf von 10, 20 oder 30 Jahren.

Daß neben den wirklich entstandenen baren Ausgaben für die Bebauung oder den Umbau auch solche abzuziehen sind, die zufällig dadurch erspart werden, daß der Bebauer selbst Architekt oder Maurermeister ist, entspricht zwar dem Begriff des Wertzuwachs-Ertrages insofern nicht, als dieser im allgemeinen den Gegenwert für sonstige werterhöhende Tätigkeit des Eigentümers mit enthält. Andererseits aber ist die Ausscheidung dieses Gegenwertes zum Teil [1]) wegen seiner völligen praktischen Undurchführbarkeit nicht versucht worden, zumal sie ohne Nachteil für den Grundgedanken der Steuer unterbleiben konnte. Wenn wir es nun in den erwähnten Arbeitsleistungen des Architekten und Maurermeisters mit Produktionsfaktoren zu tun haben, deren Tauschwert und weiterhin deren Gegenwert leichter zu ermitteln ist, als es z. B. bei den hundertfach verschiedenen Abstufungen der Spekulationstätigkeit möglich ist, so kann es vielleicht eine Verbesserung der Steuerordnung sein, wenn sie den Abzug dieser Aufwendungen gestattet. Die Fassung, in der die Berliner Steuerordnung diesen Abzug zuläßt, erscheint empfehlenswert (vgl. § 2 Ziff. 2 b Satz 2 der Berliner Steuerordnung).

Der Abzug der Zinsen des Erwerbspreises bei unbebauten Grundstücken unter Aufrechnung der Einnahmen aus dem Grundstück ist bereits oben prinzipiell gerechtfertigt worden. Für die direkte Steuerform gilt hierin nichts Besonderes. Bei der Wahl des Prozentsatzes des früheren Wertes, der zugelassen werden soll, ist zu beachten, daß es dem Verkäufer eines unbebauten Grundstückes häufig nicht gelingen wird, den in den letzten Jahren erforderlich gewesenen Zuschuß sich beim Verkauf in voller Höhe im Preise mit erstatten zu lassen (vgl. oben S. 35). Steigt aber demnach der gemeine Wert häufig nicht um den vollen Betrag dieses Zuschusses, so kann dieser zwecks Feststellung des nicht auf Kapitalsverwendung beruhenden Wertteiles auch nicht in voller Höhe abgezogen werden.

Nur die in den letzten drei Jahren entstandenen eigenen Aufwendungen sollen abzugsfähig sein. Hiergegen könnte ein Einwand gemacht werden mit folgendem Beispiel: Das Grundstück des A. ist im Jahre 1905 10 000 M wert gewesen. 1906 muß er für 1000 M Straßenland unentgeltlich abtreten. Bei der Ver-

[1]) Vgl. auch die Erwägung oben auf S 47, Zeile 15.

anlagung der Wertzuwachssteuer im Jahre 1908 ist der Wert noch 10 000 M. 1911 sei der Wert dann 12 000 M, bei der Veranlagung können aber die 1906 aufgewandten 1000 M nicht mehr abgezogen werden.

Demgegenüber wäre zu sagen, daß der Abzug der 1000 M doch voll zur Geltung gekommen ist, indem schon der Wert des 1908 noch verbliebenen Landes auf die vollen 10 000 M angenommen ist, obgleich von der ursprünglichen Fläche für 1000 M Straßenland abgetreten war. Die Feststellung des gemeinen Wertes mußte aber auch in dieser Höhe erfolgen, weil die Abtretung den Kostenwert und damit für die nächste Zeit auch den gemeinen Wert etwa entsprechend gesteigert hatte. Das gleiche würde gelten, wenn nicht für 1000 M Straßenland abgetreten, sondern eine bauliche Verbesserung mit 1000 M Kapitalsaufwand stattgefunden hätte. Dann würde bei der Veranlagung 1908 der gemeine Wert des Grundstückes — ohne daß der Wert des Grund und Bodens gestiegen wäre — auf 11 000 M anzunehmen sein, und für die Veranlagung des Wertzuwachses im Jahre 1911 wäre dann die Differenz von 12 000 M zu 11 000 M zugrunde zu legen. Es ergibt sich also, daß auch die früheren Aufwendungen voll berücksichtigt werden, soweit sie den Wert erhöht und zu einer dementsprechenden höheren Grundsteuerveranlagung geführt haben.

Das Ergebnis ist — im Vergleich mit der indirekten Steuerform — besonders auch insofern befriedigend, als immer nur die Kapitalaufwendungen für höchstens 3 Jahre zurück festgestellt zu werden brauchen und nicht auf 10 bis 40 Jahre oder langer. Dadurch muß die Veranlagung der direkten Wertzuwachssteuer außerordentlich erleichtert werden, was ihrer Beliebtheit nur zugute kommen kann. Dabei ist noch als besonders günstig der Umstand zu erwähnen, daß der Grundstücksbesitzer für die Ermittelung des Wertzuwachses ein Interesse daran hat, einen möglichst großen Teil seiner Ausgaben als solche für Verbesserungen hinzustellen, während er sich für die Einkommensteuer besser steht, wenn die Instandhaltungskosten möglichst groß sind. Dieser Widerstreit der Interessen bietet um so mehr eine Gewahr für richtige Angaben, als die Gemeinde und der Vorsitzende der Veranlagungskommission zur Ausübung einer Kontrolle in Verbindung treten können (vgl. dazu P. Pachler im „Tag‘ vom 12 August 1910).

Ebenso wie hinsichtlich der Abzüge für Kapitalaufwendungen und Zinsen muß sich die Kürze des dreijährigen Zeitraumes für den Fall des Abverkaufes einer Teilparzelle, der im § 10 des Entwurfes geregelt ist, fühlbar machen. Er ist teilweise den entsprechenden Bestimmungen indirekter Steuerordnungen nachgebildet. Ein derartiges mechanisches Verfahren kann freilich zu Ungerechtigkeiten führen. Diese können aber bei der direkten Steuerform nicht so groß sein wie bei der indirekten, denn der für die abverkaufte Parzelle bezahlte Preis läßt durch einen Vergleich mit dem keinesfalls drei volle Jahre zurückliegenden festgestellten gemeinen Wert des ganzen Grundstückes einen richtigeren Anhalt für die Werte der einzelnen Teile finden, als wenn bei der indirekten Steuer die letzte Feststellung des früheren Wertes vielleicht 20 Jahre zurückliegt, ein Abverkauf vor 10 Jahren stattgefunden hat, und nun die Wertsteigerung der Restparzelle ermittelt werden soll. — Auch ist wohl anzunehmen, daß der gewerbsmäßige Grundstückshandel bei Parzellierungen dazu übergehen wird, eine entsprechende Vereinbarung über die Verteilung des Wertes und der Aufwendungen auf die einzelnen Parzellen in die Verkaufsverträge einzufügen.

Die subsidiäre Zulassung des Ertragswertes an Stelle des gemeinen Wertes für solche bebauten Grundstücke, bei denen nicht durch einen innerhalb der letzten drei Jahre erfolgten Verkauf ein zuverlässiger Anhaltspunkt für die Höhe des gemeinen Wertes vorliegt, betrachte ich als ein Zugeständnis an die Gegner der direkten Wertzuwachssteuer, welche von ihr eine unerträgliche Vermehrung der Veranlagungsschwierigkeiten erwarten. (Vgl. §§ 8 und 9 der Steuerordnung.) Ich habe gegen ihn nur deshalb nichts einzuwenden, weil durch seine Zulassung — wenigstens für die bebauten Grundstücke — zugleich der bereits besprochene Einwand, die direkte Steuer besteuere einen nicht realisierten, sondern nur fingierten Gewinn, am handgreiflichsten widerlegt wird.

Nur der Wertzuwachs als solcher wird gleich für den mehrjährigen Zeitraum, den die betreffende Steuerordnung gewählt hat, festgestellt. Die Veranlagung des in jedem der drei (oder mehr) folgenden Jahre zu zahlenden Steuerbetrages findet dagegen jährlich statt. Es ist daher auch gegen jede der 3 Veranlagungen der Einspruch und die Klage im Verwaltungsstreitverfahren zulässig. Praktisch freilich wird der im ersten Jahre einmal festgestellte Wertzuwachs in den späteren Jahren nicht mehr angegriffen werden können, und die Einsprüche im zweiten und dritten Jahr werden nur etwa darauf gestützt werden können, daß die Genehmigung der jährlichen Prozentsätze nicht in gesetzlicher Weise zustande gekommen sei. Derartige Einsprüche werden ebenso selten sein wie die Bemängelung der Gesetzlichkeit des Promillesatzes bei der Grundwertsteuer.

Hinsichtlich der Länge des Zeitraumes der Vergangenheit, für welchen der Wertzuwachs ermittelt werden soll, und ebenso hinsichtlich des Zeitraumes der Zukunft, innerhalb dessen der ermittelte Wertzuwachs mit einer Steuer belegt werden soll, lassen sich von prinzipiellen Forderungen nur etwa folgende aufstellen: Die Ermittelung des Wertzuwachses darf nicht in so kurzen Zwischenräumen erfolgen, daß nur bei einem ganz geringen Prozentsatz von Grundstücken ein Wertzuwachs feststellbar ist. Eine jährliche Ermittelung würde wohl überall zu kurz sein. Die Periode muß um so länger sein, je geringer die Umsätze und die Bautätigkeit, je langsamer überhaupt die Entwickelung ist. In manchen Gemeinden wird es sich empfehlen, die Perioden für den bebauten und den unbebauten Grundbesitz verschieden lang zu wählen. Der Anschluß an die dreijährige Periode der staatlichen Ergänzungssteuer dürfte — insbesondere auch für das Veranlagungsverfahren — manche Vorteile haben und müßte die Regel bilden.

Der Zeitraum, während dessen dann der ermittelte Wertzuwachs besteuert werden soll, muß vorzugsweise abhängen von der Gesamthöhe der Steuer. Sollten etwa 25 % verlangt werden, was im allgemeinen zu hoch sein würde, so müßte die Steuer wohl auf mindestens 6 Jahre verteilt werden. Besonders übersichtlich wird es sein, wenn wie in dem obigen Entwurf dieser Zeitraum ebenso lang gewählt wird wie derjenige für die Ermittelung des Wertzuwachses. Es steht aber auch nichts entgegen, bei dreijähriger Wertzuwachsermittelung die von ihm zu zahlende Steuer auf etwa 6 Jahre zu verteilen. Auch könnte es sich empfehlen, wenigstens für höhere Steuersätze als 3 %, die Steuer auf einen längeren Zeitraum zu verteilen als für die niedrigeren Steuersätze. Kurz, es sind hier zahlreiche Verschiedenheiten und Kombinationen denkbar, durch die den besonderen örtlichen Verhältnissen Rechnung getragen werden kann.

Die Veranlagungsschwierigkeiten sind bei der direkten Wertzuwachssteuer auch nicht entfernt so groß wie bei der indirekten. Dies liegt auf der Hand für alle diejenigen Steuerordnungen und diejenigen Fälle, in denen nicht der Preis, sondern der gemeine Wert auch bei der indirekten Steuerform entscheidend sein soll, also für die meisten Ordnungen, und es ist dabei auch zu berücksichtigen, daß als Schwierigkeit der Veranlagung nicht nur die Schätzung des früheren Wertes vor 30—40 Jahren und des jetzigen Wertes in Betracht kommt, sondern daneben die Ermittelung der Aufwendungen, Zinsen, Erwerbs- und Veräußerungskosten, Einnahmen aus den unbebauten Grundstücken, Berücksichtigung von Abverkäufen, Berechnungen bei vertragsmäßiger Tragung der Zuwachssteuer durch den Käufer (vgl. oben S. 66) usw. Diese Schwierigkeiten fallen bei der direkten Steuer teils ganz fort, teils sind sie wesentlich geringer, weil es sich nur um einen Zeitraum von 3 Jahren rückwärts handelt.

Leichter wird die Wertermittelung auch deshalb, weil als Ausgangspunkt sich ohne weiteres der Wert vor nur 3 Jahren bietet, in dem die bisherigen Aufwendungen bereits enthalten und berücksichtigt sind. So bewirkt die periodische Prüfung der Frage, ob eine Werterhohung stattgefunden hat, zugleich die allmähliche Entstehung eines durchaus zuverlässigen Wertkatasters, das die Veranlagung auch der Grundwertsteuer wesentlich erleichtern muß. Überdies haben alle die zahlreichen Gemeinden, welche zum Teil seit langen Jahren Grundsteuer nach dem gemeinen Wert erheben, die Schwierigkeiten der Schätzung leicht überwunden. Das gleiche gilt für die Schätzung des gemeinen Wertes bei der staatlichen Ergänzungssteuer. Weder bei der Grundwertsteuer noch bei der Ergänzungssteuer ist eine bedenklich hohe Zahl von Rechtsmitteln festgestellt worden. Denkbar ist es, daß eine Gemeinde, in der auf dem Gebiete der Grundstücksbewertung noch keine Erfahrungen vorliegen, und die das vom Oberverwaltungsgericht in detaillierter Rechtsprechung festgelegte Schätzungsverfahren noch nicht richtig anwendet, in den ersten 1—2 Jahren nach der Einführung von Wert- und Wertzuwachssteuer zu fiskalisch und zu unvorsichtig schätzt. Das wird nicht lange dauern. Der Ausgang der Verwaltungsstreitverfahren wird sie sehr bald lehren, daß es undurchführbar ist, mittels willkürlicher hoher Schätzungen mehr Steuern herauszuschlagen. Vor allem aber wird jede Gemeinde bald dahinterkommen, daß es zur Erlangung des gewünschten und notwendigen Steuerertrages gar nicht erforderlich ist, bei den Schätzungen bis an die alleräußerste Höchstgrenze der Werte zu gehen. Sie wird sich vielmehr damit begnügen, einen gleichmäßig um einen geringen Prozentsatz niedrigeren Wert festzusetzen und dafür den Promillesatz (bei der Wertsteuer) oder Prozentsatz (bei der Wertzuwachssteuer) etwas zu erhöhen. Dies geschieht bereits ziemlich allgemein, wenn auch nicht immer bewußt bei den Grundwertsteuern. Bei der direkten Wertzuwachssteuer liegt aber noch weniger Anlaß vor, den letzten Pfennig der jetzigen Wertsteigerung zu erfassen; denn die Wertzuwachssteuer ist — um ein Beispiel zu nehmen — ebenso hoch, ja sogar noch etwas höher, wenn die Differenz von 25 000 M zu 30 000 M zugrunde gelegt wird, als wenn von 26 000 M und 31 000 M auszugehen ist. Man kann es eben bei der direkten Wertzuwachssteuer ruhig abwarten, bis die Wertsteigerung durch einen Verkauf des Grundstückes selbst oder durch den Verkauf von Nachbargrundstücken in unwiderlegbarer Weise zum Ausdruck kommt.

Dem obigen Hinweis, daß die Schätzungsschwierigkeiten bei der Grundwertsteuer und bei der Ergänzungssteuer doch auch leicht überwunden werden, ist der Einwand entgegengehalten, diese seien so niedrig, daß der Steuerpflichtige eine etwaige mäßige Überschätzung lieber mit in Kauf nehme, anstatt sich in ein langwieriges Verwaltungsstreitverfahren einzulassen. Dieser Einwand ist in Ansehung der Ergänzungssteuer anzuerkennen, denn der Steuersatz beträgt nur ½ ‰, und die Schulden sind überdies vom Wert abzuziehen. Er trifft aber zweifellos nicht zu für die Grundsteuer nach dem gemeinen Wert. Deren Sätze schwanken jetzt zwischen 2 und 6,5 ‰ und betragen durchschnittlich 3—4 ‰. Im Verhältnis zu solchen Grundsteuern kann die Wertzuwachssteuer bei mittleren Wertsteigerungen nur als niedriger Zuschlag empfunden werden. Wenn z. B. der Wert eines Hausgrundstückes in drei Jahren von 100 000 M auf 110 000 M gestiegen ist, was eine recht ansehnliche Steigerung bedeuten würde, so würde der für die nächsten 3 Jahre zu zahlende Wertzuwachszuschlag — nach den Sätzen des obigen Entwurfes — 3 Jahre lang je 50 M betragen, die Wertsteuer dagegen bei nur 3 ‰ 330 M, also mehr als das 6½ fache der Wertzuwachssteuer. Wer daher die Veranlagung nicht wegen der Wertsteuer angreift, wird es wegen der Wertzuwachssteuer kaum tun. Dabei ist noch zu berücksichtigen, daß es einer einigermaßen erfahrenen Veranlagungsbehörde nicht einfallen könnte, einen zum großen Teile nicht vorhandenen Wertzuwachs in Ansatz zu bringen, so daß es sich in dem Beispiel schlimmstenfalls um eine Überschätzung von vielleicht 2 bis 3000 M handeln kann. Damit wäre dann der 3 Jahre lang zu zahlende Jahressteuerbetrag um nur 10—20 M zu hoch. Da der Steuerpflichtige selbst innerlich am festesten davon überzeugt sein wird, daß eine Wertsteigerung um 7—8000 M in den letzten 3 Jahren wirklich erfolgt ist, so wird er diese kleine vermeintliche Überbürdung meist in Kauf nehmen.

Bei der indirekten Wertzuwachssteuer freilich bedeutet eine Überschätzung von 2—3000 M bei einem solchen Objekt nach den Sätzen des Reichsgesetzentwurfs eine Überlastung um 290 bis 435 M Steuer (14,5 % bei Wertsteigerung innerhalb von 3 Jahren). In solchem Fall wird natürlich die Veranlagung viel eher angegriffen werden. — Es zeigt sich daher, daß gerade auch in dem Punkte der Schätzungen die direkte Steuerform der indirekten wesentlich uberlegen ist.

An der Hand des eben gegebenen Beispiels sei noch auf einen weiteren — verwandten — Einwand gegen die direkte Steuer zurückgekommen: Man sagt, bei ertraglosem Bauland stelle die Steuerforderung eine Härte dar, weil der Besitzer häufig keine Mittel zur Steuerzahlung werde flüssig machen können. Für eine Baustelle würde die Steuer — im Falle des Beispiels — 100 M betragen. Ein Grundstück nun in einer Gegend, in der sein Wert in 3 Jahren um 10 % steigt, kann mit Leichtigkeit — häufig wohl ohne höheren Zinsfuß — mit einer neuen Hypothek in Höhe der Steuer, also von 300 M, belastet werden, selbst wenn es vor 3 Jahren mit $^{9}/_{10}$ seines damaligen Wertes, d. h. mit 90 000 M, belastet gewesen wäre. 90 300 M wird es jetzt immer tragen, und übrigens braucht der Besitzer im ersten Jahre nur 100 M. Es kann nicht erwidert werden, daß die höhere Hypothek vielleicht schon zu anderen Zwecken erforderlich geworden sein könnte. Denn dann ist dadurch der Wertzuwachs auch bereits realisiert, und der Besitzer kann sich erst recht nicht beschweren, daß ihm ein Teil davon abgefordert wird. Auch der Einwand, daß unbebaute Grundstücke schwer bis zu einem hohen Prozentsatz ihres Wertes beleihbar sind, verliert gerade unter der Geltung einer direkten Wertzuwachssteuer an Bedeutung. Die hohe Beleihung unbebauter Grundstücke ist nämlich hauptsächlich deshalb schwierig, weil dem Geldgeber keine zuverlässige, unparteiische Bewertung des Grundstückes vorgewiesen werden kann. Denn den üblichen sogenannten Taxen von Sachverständigen einschließlich der vereidigten pflegt auf dem Hypothekenmarkt nur ein recht beschränktes Vertrauen entgegengebracht zu werden. Die Veranlagung zur direkten Wertzuwachssteuer wird dagegen wie eine amtliche Bescheinigung des Wertes und darüber hinaus der guten Zukunftsaussichten bewertet werden. In den Kreisen des gewerblichen Grundstückshandels wird diese Erwägung vielfach die Anfechtung der Veranlagung verhindern und damit das Veranlagungsgeschäft erleichtern.

Was die Gestaltung des Tarifes anlangt, so ist die Abstufung der Sätze nach bebauten und unbebauten Grundstücken mit den gleichen Erwägungen wie bei der indirekten Steuerform zu rechtfertigen (vgl. auch Preußisches Verwaltungsblatt XXXI, S. 341, Anm. 2); auch für die Progression der Sätze nach der verhältnismäßigen Höhe des Wertzuwachses, die bereits als richtig anerkannt worden ist, gilt das oben Gesagte. Zu erwähnen bleibt noch die Frage einer Berücksichtigung der „Länge der Besitzdauer". Es ergibt sich jedoch ohne weiteres, daß diese Frage hier infolge der kurzen und für alle Grundstücke gleich langen Perioden der Wertzuwachsermittelung von selbst ausscheidet.

Zugleich zeigt sich auch in diesem Punkte eine erhebliche Überlegenheit der direkten Steuer über die indirekte. Wir hatten oben gesehen, daß die Progression nach der Besitzdauer nur auf die Annahme gestützt werden kann, daß eine schnelle Wertsteigerung mehr durch die Tätigkeit der Gemeinden veranlaßt sei als eine langsame. Angenommen, dies sei richtig, so gibt doch die Besitzdauer keinerlei Anhalt für die Schnelligkeit der Wertsteigerung. Es kann ein Grundstück 30 Jahre lang in derselben Hand gewesen sein, ohne um eine Mark im Werte zu steigen. Dann plötzlich wird eine Bahn oder ein Kanal in der Nähe gebaut, und das Grundstück erfahrt nun in einem Jahre eine Wertsteigerung um 100 %. Ein daneben gelegenes Grundstück hat vielleicht vor 2 Jahren den Besitzer gewechselt, hat nun genau die gleichen Vorteile von dem Bahn- oder Kanalbau gehabt und würde trotzdem — z. B. nach den Sätzen des Reichsgesetzentwurfes — 28,9 % des Wertzuwachses gegenüber nur 9,5 % bei dem anderen Grundstück zu versteuern haben. Dieser Unterschied ist vom allein gerechtfertigten Standpunkte des Interesses aus höchst unbefriedigend und ungerecht [1]). Bei den für alle Grundstücke gleich langen Veranlagungsperioden der direkten Wertzuwachssteuer dagegen kommt die Schnelligkeit oder Langsamkeit der Wertsteigerung ohne weiteres, ohne Zuhilfenahme einer Progression oder Degression genau zum Ausdruck, und die schnellere Wertsteigerung wird — eine Progression nach der relativen Zuwachshöhe vorausgesetzt — stärker besteuert als eine langsame [2]).

Über die Spannung der Steuerstufen und die absolute Höhe, insbesondere die Höchsthöhe der Steuersätze, ist Grundsätzliches nicht zu sagen. Die im § 7 vorgesehene starke Steigerung der Prozentsätze beim unbebauten Grundbesitz soll nur darauf hinweisen, daß es auch bei der direkten Wertzuwachssteuer möglich ist, einen erheblichen Teil des Wertzuwachses — nach § 7 in 3 Jahren 3 × 8 = 24 % — als Steuer einzufordern.

Im übrigen ist zu den mehr formalen Bestimmungen des Tarifes Grundsätzliches kaum zu sagen. Hinsichtlich der Ermittelung des jährlich zu erhebenden Prozentsatzes und der weiteren Formalitäten, insbesondere hinsichtlich der jährlichen Gemeindebeschlüsse und der Möglichkeit, das Verhältnis in der Belastung des bebauten Grundbesitzes zum unbebauten von Zeit zu Zeit zu ändern, verweise ich auf meine Ausführungen im Preußischen Verwaltungsblatt, Jahrg. XXXI, S. 340, Anm. 1 zu § 11.

Im Gegensatz zur indirekten Steuer bietet die direkte, wie bereits erwähnt, die Möglichkeit, Wertminderungen zu berück-

---

[1]) Im Hinblick auf diese durch das Beispiel beleuchteten, zahlreich vorkommenden Fälle ist auch die vom Magistratsrat Dr. Schallhorn vorgeschlagene Progression nach der Höhe des durchschnittlichen Jahreswertzuwachses unter Herabsetzung der steuerfreien Wertzuwachsquote bei kürzerer Besitzzeit nicht haltbar. Wenigstens nicht vom Gesichtspunkte des Interesses. Für die Auffassung als Gewinnsteuer freilich würde der Vorschlag durchaus logisch sein (Jahrbuch der Bodenreformer, Bd. 2, S. 292).

[2]) Beispiel: Von zwei Grundstücken, die 1905 beide 10 000 M wert waren, steigt das eine bis 1908 auf 15 000 M, das andere bis dahin noch gar nicht. 1911 sind beide 20 000 M wert. Dann hat das eine in zweimal 3 Jahren je 5000 M Wertzuwachs zu versteuern, das andere in 3 Jahren 10 000 M und daher — infolge der Progression — im ganzen mehr Steuer zu zahlen.

sichtigen, und zwar sowohl plötzlich eintretende wie die selteneren — dann freilich örtlich ausgedehnteren — allmählichen Wertminderungen. Da mit der Unmöglichkeit, den „Verlusten" durch die indirekte Steuerform Rechnung zu tragen, viel Stimmung gegen die Wertzuwachssteuer überhaupt gemacht worden ist, muß es als weiterer erheblicher Vorzug der direkten Wertzuwachssteuer betrachtet werden, daß sie auch dieses Problem löst.

Wertminderungen, welche ihre Ursache in der allgemeinen Konjunktur haben, finden ihre Berücksichtigung nach § 5 Abs. 2 des Entwurfes und seiner gleich hierunter zu besprechenden etwaigen Ausgestaltung, und zwar um so sicherer, als, abgesehen von Städten, deren Bevölkerung nicht steigt, und für die daher keine Art von Wertzuwachssteuer paßt, ein Sinken der Grundstückswerte nur eine vorübergehende Erscheinung darstellt. Daneben aber treten zuweilen Wertminderungen lokaler Natur und aus lokalen Ursachen ein. In solchen Fallen kann die Einforderung der Wertzuwachssteuer von einem zurzeit nicht mehr vorhandenen Wert und der Hinweis auf eine in vielleicht sehr ferner und ungewisser Zukunft liegende Wertsteigerung als Harte erscheinen. Derartige Wertminderungen können z. B. infolge von Straßendurchbrüchen, Verlegung von Straßenbahnlinien, Anlage von Fabriken, Kasernen oder dergleichen entstehen. — Die in dem Entwurf für die Berücksichtigung solcher Wertminderungen vorgeschlagene Form (§ 11) lehnt sich an entsprechende Vorschriften bei der Staatseinkommensteuer an, vgl. § 63 des Einkommensteuergesetzes. Die Grenze zwischen „allgemeinen Konjunkturverhältnissen" und „Ereignissen lokaler Natur" kann nicht schwerer zu finden sein als diejenige zwischen „wesentlichen" und „nicht wesentlichen" Anderungen gewerblicher Betriebe im Sinne des Art. V Ziff. III, Abs. 2 der Ausführungsanweisung zum Einkommensteuergesetz.

Hinsichtlich der allmählichen Wertminderungen bietet sich sogar über den Rahmen des § 5 Abs. 2 des Entwurfes hinaus die Möglichkeit völliger Erstattung (Verlustentschädigung).

Zunächst ein Beispiel für die Wirkung des § 5·

Der Wert eines Grundstückes betrug 300 000 M im Jahre 1902, 320 000 M. im Jahre 1905, 310 000 M im Jahre 1908 und möge im Jahre 1911 340 000 M betragen. Wenn dieses Grundstück in jedem der Jahre 1905, 1908 und 1911 verkauft wurde zu den angegebenen Preisen, so würde bei dem Verkauf im Jahre 1905 ein Wertzuwachs von 20 000 M, im Jahre 1911 ein solcher von 30 000 M versteuert, zusammen also 50 000 M, während das Haus in den 9 Jahren nur um 40 000 M im Werte gestiegen ist. Bei der direkten Steuer wird dagegen mit der Hilfe des letzten Absatzes des § 5 erreicht, daß nur die endgültig erzielte Wertsteigerung von 40 000 M versteuert wird. Denn der Berechnung des Wertzuwachses, der für die Jahre 1911 bis 1913 zu versteuern ist, wird nicht der Wertunterschied von 1908 auf 1911, sondern von 1905 auf 1911 zugrunde gelegt.

Wie wird es aber, wenn der vor 9 Jahren festgestellte Wert auch noch höher war als der Wert vor 6 Jahren und vor 3 Jahren? Dann wird allerdings die Wertminderung in der Zeit vom 9. bis zum 6. Jahre nicht berücksichtigt. Indessen könnte einmal durch eine entsprechend geänderte Vorschrift auch das erreicht werden, und außerdem würde die Nichtberücksichtigung derjenigen Wertminderung, die in der Zeit zwischen dem 9. und 6. Jahre entstanden ist, schon wegen dieses Zurückliegens um 6 Jahre und auch wegen der nunmehr wieder eingetretenen Wertsteigerung — ohne diese kann auch jetzt keine Wertzuwachssteuer veranlagt werden — kaum noch als Härte empfunden werden. Die Vorschrift des § 5 kann aber — auch nach einer Erweiterung in der angedeuteten Richtung — nur die bei der indirekten Steuer mögliche Doppelbesteuerung eines früher bereits einmal versteuerten Wertzuwachses verhindern. Sie bewirkt aber nicht, daß eine früher gezahlte Wertzuwachssteuer dann erstattet wird, wenn der sie begründende Wertzuwachs wieder verloren gegangen ist.

Mit der direkten Wertzuwachssteuer kann jedoch auch dieses Ziel erreicht werden, und zwar etwa durch folgende Vorschrift, die an die Stelle des Absatz 2 im obigen § 5 zu treten hätte:

„Ist der jetzige Wert niedriger als der frühere Wert, so tritt bei unbebauten Grundstücken an Stelle des früheren Wertes der jetzige, an die Stelle des jetzigen der frühere Wert. Die hiernach zu berechnende Wertzuwachssteuer wird von der zuletzt entrichteten Wertzuwachssteuer abgezogen und der verbleibende Betrag der früheren Wertzuwachssteuer von der in den nächsten drei Jahren zu zahlenden Wertzuwachssteuer in drei gleichen Teilen abgezogen.“

Diese Vorschrift würde bewirken, daß eine frühere Wertzuwachssteuer insoweit wieder erstattet wird, als der sie bedingende Wertzuwachs durch Wertminderungen wieder aufgehoben wurde. — Ungerechtfertigt würde es sein, über den Betrag einer früher schon gezahlten Wertzuwachssteuer hinaus eine Ermäßigung der Wertsteuer zu gewähren für den Fall, daß ein Grundstück im Werte sinkt, für das eine Wertzuwachssteuer noch nie gezahlt war, oder das noch unter den Wert sinkt, der seinerzeit bei Berechnung der ersten Wertzuwachssteuer als früherer Wert angenommen war. Eine derartige „Verlustentschädigung", die sich nicht mehr als Erlaß einer gewissermaßen zu Unrecht gezahlten Steuer darstellt, sondern die eine — nur außerlich in der Form der Ermäßigung einer anderen Steuer auftretende — positive Leistung der Gemeinde an den Steuerpflichtigen darstellen würde, ist mit dem Grundgedanken, d. h. mit dem Grund und dem Zweck jeder Steuer gänzlich unvereinbar und unbedingt schon aus diesem Grunde abzulehnen.

Für Steuerordnungen, welche bei bebauten Grundstücken subsidiär den Ertragswert zulassen, dürfte es ausreichen, wenn die eben erwähnte Vorschrift nur für unbebaute Grundstücke gilt. Denn bei bebauten Grundstücken, denen eine Wertzuwachssteuer erst auferlegt werden konnte, nachdem sie den höheren Ertrag auch wirklich schon gebracht hatten, würde die Erstattung ebenso unbegründet sein wie etwa die Erstattung einer seinerzeit zu Recht erhobenen Einkommensteuer, nur weil das Einkommen eines späteren Jahres geringer ist. In diesem Falle war die Wertzuwachssteuer eben ein Entgelt für einen Vorteil, der bereits genossen war, und der durch das Sinken des Wertes nicht wieder zurückgegeben wird.

Der § 12 des Entwurfes beruht ganz überwiegend auf der Absicht, die Bautätigkeit anzuregen. Diese Anregung ist aber nicht gedacht als Mittel zu dem Zweck, die Gewinne der Boden- und Bauspekulanten zu vermindern, also um damit Auswüchse oder Unbilligkeiten der privatkapitalistischen Wirtschaftsordnung und unserer gegenwärtigen Rechtsordnung zu mildern. Damit hätten wir den bereits abgelehnten sozialpolitischen Steuerzweck. Vielmehr soll die Bautätigkeit im Interesse der Förderung gesunder und billiger Wohnungen begünstigt werden. Diese Wohnungen sollen der Bevölkerung der Gemeinde zugute kommen, sowohl indem sie von auswärts Bevölkerung heranziehen, wie auch dadurch, daß sie durch Hebung des Gesundheitszustandes und des Sinnes für die Häuslichkeit und damit des Erwerbseifers die bereits am Orte wohnende Bevölkerung im eigentlichen Sinne sozial heben. Man braucht nur einmal die 50 oder 100 elendesten Wohnungen einer Stadt revidiert zu haben, um fest davon überzeugt zu sein, daß bei derart in ungesunden, lichtlosen Löchern zusammengepferchten Menschen jeder geringste Antrieb, ihre Lage zu verbessern, im täglichen Anblick des Elendes solcher Häuslichkeiten verkümmern und ersterben muß. Die unabweislichen Folgen aber sind dann der Alkohol, das Verbrechen und die Armenunterstützung. Nur als Armendezernent, ohne das Dezernat für die Wohnungsinspektion hätte Verfasser nie so handgreiflich von der Notwendigkeit einer Verbesserung der Wohnungsverhältnisse überzeugt werden können, wie es der Fall ist.

Das einzige einigermaßen wirksame Mittel, dieser Wohnungsnot abzuhelfen, ist zweifellos die Forderung der Bautätigkeit, diese aber soll durch den obigen § 12 erreicht werden. Doch ist es nicht die Milderung der Wohnungsnot an sich, die erstrebt wird. Sie kann wie für jede Steuer so auch für die Wertzuwachssteuer immer nur die Bedeutung eines Mittels zum Zweck haben. Und dieser eigentlich steuerliche Zweck kann auch hier nur der sein, die Ergiebigkeit der Steuerquellen zu fördern. Wenn nämlich die Hebung des Wohnungswesens den Erfolg hat, die Wirtschaftlichkeit und Arbeitsamkeit der Bevolkerung zu heben, so muß das dem Volkseinkommen und damit der Steuerkraft zugute kommen, ganz abgesehen davon, daß billige Wohnungen an sich den Zuzug nach einer Stadt fördern und auch dadurch deren Steuerkraft heben. Überdies werden die Ausgaben der Stadt für Gesundheits- und Armenpflege und für Polizei relativ heruntergehen, so daß auch insofern finanzielle Wirkungen zu erwarten sind.

Die indirekten Steuerordnungen versuchen, wie bereits mehrfach erörtert ist, ebenfalls die Bautatigkeit zu fordern, und zwar meist durch Vorschriften, welche mit dem Grundgedanken der Steuer nicht vereinbar sind. Vielfach auch auf Grund von Voraussetzungen, deren Richtigkeit nicht untersucht und sehr zweifelhaft ist. Dahin gehort insbesondere die Annahme, daß eine mit der Besitzzeit steigende Steuer zum baldigen Verkauf drängt, denn psychologisch mindestens ebenso naheliegend ist die Annahme, der Besitzer werde das Grundstück um so länger behalten, um durch weiteres Steigen im Preise die zu erwartende Steuerleistung mit herauszubekommen (vgl. oben S. 68).

Das einzige steuerliche Mittel, das wirklich die Bautätigkeit zu fördern geeignet erscheint, ist die Auferlegung einer dauernd, schon während der Besitzzeit zu zahlenden hohen Steuer in Verbindung mit einer erheblichen Ermäßigung dieser Steuer gleich nach der Bebauung. Eine Steuerordnung, welche zunächst schon eine erhöhte Wertsteuer für die unbebauten Grundstücke vorsieht, daneben eine erhöhte Wertzuwachssteuer, und welche diese Steuer dann von dem auf die Bebauung folgenden Vierteljahr an auf die niedrigen Sätze ermäßigt, wird schon hierdurch die Bautätigkeit fördern. Es kommt dann hinzu, daß die in dreijährigen Perioden veranlagte Wertzuwachssteuer besonders denjenigen unbebauten Grundstücken fühlbar wird, die in die Baureife eingetreten sind und nun schnell im Werte steigen. Je mehr dies der Fall ist, um so höher wird die Steuer, um so stärker aber auch der Anreiz, an die Stelle dieser dauernd steigenden Last des wachsenden Zuschusses den Ertrag aus dem zu erbauenden Haus zu setzen.

Nun kann naturgemäß nur ein verhältnismäßig kleiner Teil aller baureifen Grundstücke solchen Besitzern gehören, die selbst bauen wollen und können. Der größte Teil aller Grundstücke pflegt kurz vor der Bebauung den Besitzer erst nochmals zu wechseln. Dieser Tatsache muß, wenn die Bebauung gefordert werden soll, Rechnung getragen werden durch eine besondere Steuererleichterung in den Fällen des Besitzwechsels mit bald darauf folgender Bebauung. Dies geschieht durch den § 12 des Entwurfes. — Für die Hohe der zu gewährenden Ermäßigung müssen die besonderen lokalen Verhaltnisse entscheidend sein; sie wird zwischen einem Zehntel und der Hälfte des vollen Satzes zu schwanken haben.

Für die Förderung der Bautätigkeit kommt noch ein weiteres Moment in Betracht: die ratenweise Erhebung der direkten Wertzuwachssteuer in 3mal 4 niedrigen Vierteljahresbeträgen. Die indirekte Wertzuwachssteuer wird dagegen in einem Zeitpunkt gefordert, in dem noch verschiedene andere große Ausgaben entstehen, nämlich der staatliche Umsatzstempel, die Gemeindeumsatzsteuer, die Vermittelungsprovision, die Notariatsgebühren und — für den Fall der beabsichtigten Bebauung. der doch besonders begünstigt werden soll — vor allem die Baukosten selbst. Früher wurden ja nun vielfach die Mittel zur Deckung aller jener Unkosten den Baugeldern entnommen. Nachdem in dieser Beziehung durch das Reichsgesetz betreffend die Sicherung der Bauforderungen ein Riegel vorgeschoben worden ist, sind die Mittel für hohe Nebenleistungen gerade in diesem Zeitpunkte besonders schwierig aufzubringen. Es wird mancher durch die Unmöglichkeit, auch noch das Geld für die zu erwartende Wertzuwachssteuer aufzubringen, davon abgehalten werden, ein Grundstück zwecks Bebauung zu kaufen. Wenn dagegen diese große einmalige Ausgabe ersetzt wird durch eine in 12 Raten zahlbare, von denen der Bebauer vielleicht nur die ersten 3—4 Raten zu zahlen hat, weil das Haus dann verkauft ist, so muß dadurch die Bebauung — zumal im Vergleich zur indirekten Steuer — belebt werden [1]).

Es bleibt nunmehr — da wir die sozialpolitische Steuer als solche nicht billigen — noch zu untersuchen, ob die zur Belebung der Bautätigkeit vorgesehene Bestimmung nicht dem Grundgedanken der Steuer widerspricht. Dies ist indessen nicht der Fall. Vielmehr würde diese Vorschrift auch ohne Rücksicht auf die hier erstrebte Wirkung durchaus begründet, ja zu fordern sein. Denn der nach Vollendung des Hauses sich zeigende Wertzuwachs wird einen relativ hohen Prozentsatz verdienten Wertzuwachses enthalten, indem der Bebauer sowohl für das bei dem vorhergegangenen Erwerb eingegangene höhere Risiko wie auch für die Bebauungsarbeit ein besonderes Entgelt beanspruchen darf. Der unverdiente Wertzuwachs bzw. der durch die Aufwendungen der Gemeinde geschaffene Teil davon wird daher in diesem Zeitpunkt ein relativ niedriger sein, und es erscheint nur angemessen, dem durch Ermäßigung der Steuer Rechnung zu tragen [2]).

---

[1]) Hiermit steht ein weiterer Nachteil der indirekten Steuerform im Zusammenhang: Mit der Erschwerung der Umsätze sinkt auch der Ertrag der Gemeinde-Umsatz-Steuer. Für die Richtigkeit dieses Satzes will ich mich jedoch nicht auf die Erträge der Umsatzsteuer in den Jahren 1907 und 1908 berufen. Diese sind zwar in fast allen Gemeinden, die Wertzuwachssteuern besitzen, erheblich zurückgegangen. Der Grund wird aber vielfach der gewesen sein, daß kurz vor Einführung der Wertzuwachssteuer besonders zahlreiche Verkäufe stattgefunden haben. Aber auch ohne diese Zahlen wird der erwähnte Zusammenhang nicht zu bestreiten sein.

[2]) Vgl. auch Preuß. Verwaltungsbl., Jahrg. XXX, S. 521 bei Ziff. 3

Hiermit sind die wichtigeren Punkte der direkten Wertzuwachssteuerordnungen besprochen, und zwar hat sich ergeben, daß ihre praktische Ausgestaltung in allen Teilen sich leicht und in steter Übereinstimmung mit ihrem Grundgedanken ermöglichen läßt, während bei den Vorschriften der indirekten Steuerordnungen, zumal denjenigen, die sozialpolitisch wirken sollten, dem Grundgedanken der Steuer fortwährend Zwang angetan werden mußte.

Es bleibt nunmehr noch übrig, einige Punkte zu erörtern, die für oder gegen die eine oder die andere Steuerform sprechen, die sich aber nicht gerade aus den einzelnen Vorschriften ergeben, sondern aus ihrer Gesamtnatur. Es wird nach den bisherigen Erörterungen erklärlich erscheinen, daß dies nur zur Feststellung einiger weiterer Vorteile der direkten Steuerform führen kann.

Teilweise bereits erwähnt ist die größere Gerechtigkeit dieser Steuerform wegen der mit ihr bewirkten allgemeineren Erfassung jeder Wertsteigerung. Der direkten Wertzuwachssteuer unterliegen auch alle nicht veraußerten Grundstücke und ferner auch die im Erbgang, durch Schenkung oder Enteignung in andere Hände gelangenden Grundstücke, ebenso Grundstücke des Fiskus, sofern ihnen nicht eine Grundsteuerfreiheit zur Seite steht. Die indirekte Steuer fordert dagegen nur von einem Teil der Grundstücke ein Entgelt für die Aufwendungen der Gemeinde, nicht aber für diejenigen, die kurz vor Inkrafttreten der indirekten Steuer veräußert worden sind oder vielleicht ein Jahrhundert lang nicht veräußert werden.

Das etwaige Bedenken, daß bei der direkten Wertzuwachssteuer der bis 3 Jahre vor ihrer Einführung entstandene Wertzuwachs unbesteuert bleibt, charakterisiert sich daher gerade als ein besonderes Moment der Gleichmäßigkeit dieser Steuer. Finanziell ist dieses Bedenken insoweit ohne große Bedeutung, als eine direkte Wertzuwachssteuer trotzdem gleich hohe Erträge bringt. In dieser Beziehung sind zahlenmäßige Beweise freilich kaum zu erbringen. Ich verweise aber immerhin auf die — tatsächlichen Verhältnissen entnommene — Berechnung im Preußischen Verwaltungsblatt vom 8. Mai 1909, S. 518/19, die doch soviel beweisen dürfte, daß die Sätze einer direkten Wertzuwachssteuer erheblich niedriger sein können als die einer indirekten mit gleich hohem Ertrage, die direkte Wertzuwachssteuer erfaßt eben alle Grundstücke, nicht nur die verkauften oder gar nur diejenigen der verkauften, bei denen nicht eine unfaßbare Umgehung stattfindet. Andererseits kommt freilich für das finanzielle Ergebnis in Betracht, daß die direkte Wertzuwachssteuer jeweilig nur den innerhalb von drei Jahren entstandenen Wertzuwachs erfaßt, während die indirekte auch noch den vor 30 bis 40 Jahren entstandenen trifft. Demgegenüber ist aber folgendes festzustellen. Die indirekte Wertzuwachssteuer zehrt, soweit sie sich die sogenannte Rückwirkung beigelegt hat, von der Vergangenheit und zehrt diesen Wertzuwachs in 20 bis 30 Jahren, in Gemeinden mit stark merkantilisiertem Grundbesitz schon erheblich schneller völlig auf. Mit anderen Worten, je weiter eine Wertzuwachssteuer sich rückwirkende Kraft zulegt über denjenigen Zeitraum hinaus, der in der betreffenden Gemeinde die durchschnittliche Besitzdauer eines Grundstücks darstellt, um so mehr müssen ihre Erträge eine allmählich fallende Tendenz haben [1]). Dies gilt z. B. für Dortmund, wenigstens für den Fall, daß die dortige durchschnittliche Besitzzeit hinter der Zeit der Rückwirkung, nämlich mindestens 48 Jahre, zurückbleibt, was ich annehmen möchte. Umgekehrt muß Köln [2]) vorläufig mit steigenden Erträgen rechnen können, bis nach Ablauf der durchschnittlichen Besitzzeit der Grundstücke ein Beharrungszustand eintritt. Allerdings kann das bisherige Steuerergebnis dieser beiden Städte in dieser Beziehung kaum verwertet werden, denn der Grundstücksmarkt war in den Jahren 1907 und besonders 1908 überall krisenhaft beeinflußt.

Während daher eine direkte Wertzuwachssteuer einer indirekten ohne oder mit nur kurzer Rückwirkung häufig von vorneherein hinsichtlich der Ertragsfähigkeit überlegen sein wird, muß sie es auf die Dauer auch gegenüber den Steuerordnungen mit langer Rückwirkung sein, denn vom Zeitpunkte des Inkrafttretens an erfaßt sie allen und jeden Wertzuwachs, während die indirekte auch späterhin den hinterzogenen Wertzuwachs und den der unveräußerten Grundstücke nicht trifft.

Wer übrigens an der oben geschilderten mit der Länge der Rückwirkung wachsenden Ungleichheit und Ungerechtigkeit der indirekten Wertzuwachssteuer keinen Anstoß nimmt — wie z. B. Boldt, der in einer möglichst langen Rückwirkung die Haupt-

[1]) Eine vom Gesichtspunkte des finanzpolitischen Prinzips der Ausreichendheit einer Steuer höchstbedenkliche Tatsache.

[2]) In Köln hat die Steuer gar keine „Rückwirkung“.

forderung für eine Wertzuwachssteuer sieht, weil sie jetzt viel einbringe und leichter zu veranlagen sei — der kann beides vereinen. Denn neben der direkten Wertzuwachssteuer, die jeden künftigen und den bis zu drei Jahren zurückliegenden Wertzuwachs erfaßt, könnte eine indirekte eingeführt werden oder bestehen bleiben, welche den bis dahin erzielten Wertzuwachs bei der Veräußerung erfassen würde. Diese indirekte Steuerordnung würde den bisher üblichen Steuerordnungen völlig entsprechen können. Nur mußte nicht der jeweilige Veräußerungspreis oder -wert, sondern der 3 Jahre vor Einführung der direkten Wertzuwachssteuer für die Grundwertsteuer oder die Ergänzungssteuer festgestellte Wert bei der Berechnung des Wertzuwachses als Veräußerungspreis eingesetzt werden. Bis zu dem gleichen Zeitpunkte würden die Abzüge zuzulassen sein. Auf diese Weise würde erreicht, daß der frühere Wertzuwachs — mit dem Typus des Millionenbauern — von der indirekten Steuer, der jetzige und künftige Wertzuwachs von der direkten Steuer erfaßt würde. — Daß für diese indirekte Steuer nur die Veräußerung solcher Grundstücke in Betracht kommt, die vor mehr als 3 Jahren vor dem Inkrafttreten der direkten Steuer erworben wurden, ergibt sich eigentlich von selbst, konnte aber der Klarheit wegen besonders gesagt werden. — Für die Frage nach der Länge der Rückwirkung würden die gleichen Erwägungen maßgebend sein wie bei der allgemeinen indirekten Wertzuwachssteuer.

Diese Kombination sei den Gemeinden besonders für den Fall empfohlen, daß die Reichszuwachssteuer ihnen die bisherigen Erträge der indirekten Steuer so außerordentlich beschneiden sollte, wie es nach den jetzigen Kommissionsbeschlüssen zu befürchten ist. Freilich ist dabei vorausgesetzt, daß den Gemeinden eine etwas größere Freiheit ihrer Steuerautonomie gelassen wird, als es der Entwurf beabsichtigt (vgl. darüber noch unten S. 148).

Die direkte Wertzuwachssteuer, die ja ihrer ganzen Ausgestaltung nach eine Grundsteuer ist, würde die im Vergleich zur Grundsteuer nach dem gemeinen Wert gerechtere Form für eine etwa erforderliche weitere Mehrbelastung des Grundbesitzes sein. Da neuerdings der Staat die Hand noch fester über der Einkommensteuer hält wie bisher, weil er zur Hebung der eigenen Einnahmen auf deren Erhöhung angewiesen ist, und weil er infolgedessen zwecks Verhütung der sogenannten „Demoralisierung“ der Steuererklärungen die Zuschläge der Gemeinden möglichst niedrig halten muß, so werden viele Gemeinden in den nächsten Jahren zu einer Erhöhung der Realsteuern und insbesondere auch der Grundsteuern gezwungen sein. Während nun aber bei einer weiteren Erhöhung der Grundsteuer nach dem gemeinen Wert diejenigen Stadtteile, deren Grundstücke eine Werterhöhung nicht erfahren haben, trotzdem eine größere Steuer entrichten müssen, wird bei einer Mehrbelastung nach Maßgabe des Wertzuwachses nur derjenige Grundbesitzer herangezogen, dessen Grundbesitz infolge der Aufwendungen der Gemeinde einen höheren Wert bekommen hat.

Aus der realen Natur der direkten Wertzuwachssteuer, auf der auch die Unmöglichkeit der Umgehungen beruht, ergibt sich der weitere Vorteil, daß bei ihr keine Ausfälle zu befürchten sind. Diese sind ebenso wie bei der Umsatzsteuer bei der indirekten Wertzuwachssteuer keine Seltenheit und selbst dann nicht ausgeschlossen, wenn hinter dem Veräußerer der Erwerber für die Steuer haftet. Bis gegen den ersten die Zwangsvollstreckung vergeblich gewesen ist, hat letzterer das Grundstück zuweilen schon wieder verkauft. — Ein Reichsgesetz freilich würde in der Lage sein, dem vorzubeugen, und der § 21 Abs. 1 des Reichsgesetzentwurfes schreibt daher auch vor, daß die Auflassung erst erfolgen darf, nachdem die Wertzuwachssteuer bezahlt ist.

Während in den bisherigen Erörterungen der Grundgedanken der beiden Steuerformen und ihrer einzelnen Vorschriften im wesentlichen nur die Prinzipien der gerechten Steuerverteilung berücksichtigt sind, erscheint es nunmehr noch notwendig, beide Steuerformen im Hinblick auf die finanzpolitischen, die volkswirtschaftlichen und die Steuerverwaltungs-Prinzipien zu vergleichen.

Den Vorrang beanspruchen hier die beiden finanzpolitischen Forderungen der „Ausreichendheit“ und der „Beweglichkeit“ der Besteuerung. Sie werden selbst von Wagner an die Spitze aller theoretischen Steuerprinzipien und der Steuerpostulate der Praxis gestellt, obwohl es mit dem sozialpolitischen Steuerzweck im Wagnerschen Sinne kaum vereinbar ist, als oberste Regel

„die Beschaffung der Mittel für die Erhaltung des Staates und für die Erfüllung seiner Zwecke“ (Wagner S. 306/7) anzuerkennen.

Jene beiden Forderungen sind nun nicht für jede einzelne Steuer, sondern für die Einrichtung des ganzen Steuersystems aufzustellen. Für die einzelne Steuer ist jedoch so viel zu fordern, daß sie den Teil des Ertrages, der von ihr nach der ganzen Zusammensetzung des Systems erwartet wird, möglichst vollständig und gleichmäßig einbringt — insofern wird die Forderung der „Ausreichendheit“ zur Forderung der „Stetigkeit“ —, und daß er möglichst noch erhöht werden kann, sobald die Steigerung der Ausgaben es erfordert. Und außerdem ist die Ausreichendheit und Beweglichkeit umsomehr auch Erfordernis für die einzelne Steuer, je größer der Anteil ist, den sie von dem gesamten Bedarf aufzubringen hat. Es ist daher klar, daß z.B. für die Hundesteuer, weil sie überall nur eine geringe Bedeutung für den Gesamtetat hat, diese beiden Steuerprinzipien fast keine praktische Bedeutung haben. Das gleiche würde von der Reichszuwachssteuer zu gelten haben, denn allem Anschein nach würde ihr Ertrag die Erhebungskosten kaum übersteigen. In diesem Fall kann es natürlich gleichgültig sein, ob sie die kleine Lücke in der Finanzreform auch wirklich ausfüllt, und ob ihr Ertrag leicht herauf oder herunter geschraubt werden kann.

Anders liegt es bei der indirekten Gemeindewertzuwachssteuer. Sie spielt in allen Gemeinden eine so große Rolle, daß ihr Fortfall sofort eine erhebliche Steigerung der Zuschläge zur Einkommensteuer und zu den Realsteuern zur Folge haben müßte. Wenn sie ihrer Natur nach sehr schwankende Erträge bringen sollte, und wenn es schwierig wäre, die natürlichen Schwankungen durch Erhöhung oder Ermäßigung der Steuersätze auszugleichen, so müßte darin — für eine Betrachtung im Lichte der finanzpolitischen Steuerprinzipien — ein erheblicher Nachteil liegen. Nun haben die Erträge dieser Steuer bisher in allen Gemeinden, in denen sie in indirekter Form eingeführt worden ist, sehr erheblich geschwankt, und diese Schwankungen sind auch überall als ein erheblicher Mangel der neuen Steuer bezeichnet worden. Die Schwankungen werden ja freilich bei längerem Bestehen der Steuer eine gewisse Periodizität zeigen; aber auch diese Perioden des Auf- und Absteigens werden, da sie sich nur an die auf- und absteigenden Konjunkturen im Grundstückshandel und im Baugewerbe anschließen können, hinsichtlich ihrer Stärke und Dauer ebensowenig vorausbestimmt werden können wie der Verlauf dieser Wirtschaftskrisen selbst.

Hinzu kommt ein Doppeltes. Einmal wird das Steigen und Fallen der Wertzuwachssteuer gleichzeitig und in annähernd derselben Stärke bei der Umsatzsteuer stattfinden, und es wird die Etatsaufstellung deshalb um so schwieriger werden, weil das Schwanken bei zwei wichtigen Gliedern des Steuersystems zugleich erfolgt. Sodann aber ist es nahezu moglich, diesen Schwankungen durch eine Änderung der Steuersatze vorzubeugen. Das wäre nur dann tunlich, wenn der Steuerertrag wenigstens zu Beginn eines Steuerjahres annähernd vorauszusehen wäre, wie es z. B. bei der Einkommensteuer und den Ertragssteuern möglich ist, weil sie meist nach dem wirklichen Ergebnis des bereits vergangenen Jahres oder dreier Jahre umgelegt werden. Bei der Wertzuwachssteuer ist dies durch die Natur der Steuerfalle, deren Häufigkeit und Bedeutung im kommenden Steuerjahre nicht im geringsten vorauszusagen ist, ausgeschlossen. Überdies würde die Erhöhung gerade in Zeiten der niedergehenden Konjunktur erforderlich werden. Sie würde dann auf erhebliche Schwierigkeiten bei den Gemeindekörperschaften stoßen, und nicht mit Unrecht; denn diese Erhöhung würde eine weitere Hemmung des Grundstückshandels und der Bautätigkeit bedeuten. Und endlich müßte die Tatsache der häufigen Veränderung so hoher Steuersätze und Steuerbeträge, wie sie bei der indirekten Wertzuwachssteuer vorkommen, für den Grundstücksmarkt außerordentlich nachteilig sein; denn dieser braucht vor allem — wie jeder Markt — Ruhe. Wenigstens dann, wenn der solide (reelle) Handel gedeihen soll. Von fortwährenden Schwankungen könnte nur das eigentliche Spekulantentum profitieren, — und auch dieses nur mit dem Wechselerfolg des Spielgewinnes.

Schneidet hiernach die indirekte Wertzuwachssteuer für die Frage der Stetigkeit und Beweglichkeit keineswegs günstig ab, so kann umgekehrt die große natürliche Stetigkeit und die leichte Beweglichkeit der direkten Steuerform füglich nicht bestritten werden. Eine gewisse Stetigkeit ist ihr schon wegen ihrer Verbindung mit der Grundwertsteuer eigen, und ferner ist sie, sofern die Zuschläge nicht absichtlich geändert werden, absolut stetig für die drei Jahre, für welche die Feststellung des Wertzuwachses erfolgt. Es ist ferner vor Beginn dieser dreijährigen Periode der Ertrag der kommenden Jahre genau festzustellen (vgl. Preuß. Verwaltungs-Blatt, Jahrg. XXXI, S. 340/41). Auch von den Schwankungen der Konjunktur auf dem Grundstücksmarkt sind die Erträge nicht annähernd so abhängig wie bei der indirekten Steuerform. Bei dieser werden die Schwankungen ja weniger durch die Schwankungen in den Wertsteigerungen als durch die Schwankungen in der Zahl der Umsätze verursacht. Wie wenig die ersteren schwanken, wie sehr vielmehr mit einem mehr oder weniger schnellen, aber doch unterbrochenen Aufsteigen der Grundstückswerte einer einigermaßen aufblühenden Gemeinde — für eine andere paßt keine Form der Wertzuwachssteuer — zu rechnen ist, zeigen die dauernd steigenden Erträge der Grundsteuer nach dem gemeinen Wert in derartigen Gemeinden [1]). Selbst in eigentlichen Krisenjahren schreitet die Wertsteigerung noch etwas fort; aus dem natürlichen Grunde der mit zunehmender Bevölkerung steigenden Nachfrage. Fällt aber einmal die Veranlagung des Wertzuwachses in einen besonders ungünstigen Zeitpunkt, in dem nur relativ geringer Wertzuwachs feststellbar ist, so erscheint hier eine zur Erreichung des erforderlichen Steuersolls notwendige Erhöhung der Sätze viel unbedenklicher als bei der indirekten Steuerform. Wenn nämlich in Zeiten ungünstiger Konjunktur trotzdem in dieser oder jener Gegend der Stadt ein nennenswerter Wertzuwachs zu konstatieren ist, so wird er meist in besonders hohem Grade durch Aufwendungen der Gemeinden verursacht sein. Ferner wird die Erhöhung oder Ermäßigung selbst, da sie zugleich mit den jährlichen Gemeindebeschlüssen über Festsetzung der sonstigen Zuschläge, insbesondere des Promillesatzes der Wertsteuer erfolgt, nicht annähernd die Schwierigkeiten bei den Gemeindekörperschaften machen, wie bei der indirekten Steuer, wo sie nur in Form einer Änderung der Steuerordnung vor sich gehen kann.

Auch die Wirkung der Erhöhung ist fast auf den Pfennig genau im voraus zu bestimmen, und endlich kann die Veränderung dieser an sich so viel mäßigeren Steuer, bei der sich auch die Erhöhung selbst wieder auf mehrere Ratenzahlungen verteilt, keine Beunruhigung des Grundstücksmarktes bedeuten.

---

[1]) Auch wenn der Bauwert der Neubauten abgerechnet wird

Für die finanzpolitischen Steuerprinzipien der Stetigkeit und Beweglichkeit stellt sich daher die direkte Wertzuwachssteuer mit ganz besonderer Deutlichkeit als die überlegene Form der Besteuerung dar.

Die sogenannten volkswirtschaftlichen Steuerprinzipien betreffen — z. B. nach Wagner — einmal die Wahl richtiger Steuerquellen und sodann die Wahl richtiger Steuerarten.

Für die Beantwortung der aus dem ersteren Prinzip sich ergebenden Frage, ob die Wertzuwachssteuer aus einer volkswirtschaftlich richtigen Steuerquelle fließt, ist zunächst theoretisch allgemein Stellung zu nehmen: Die Schonung des Vermögens und Kapitals ist ein unbestritten richtiger und hochwichtiger Satz der neueren Steuertheorie. Ausnahmen von ihm sind nur aus besondern Gründen zulässig. Solche liegen z. B. in einer großen Notlage des Staates oder der Gemeinden, die ihrer Natur nach aber nicht andauern darf. Ausnahmen sind ferner gerechtfertigt, wenn eine Steuer zwar das einzelwirtschaftliche Vermögen, nicht aber zugleich das Volksvermögen besteuert [1]), indem die Steuer nur einen Vermögensbestandteil aus einer Einzelwirtschaft auf eine andere, den Steuergläubiger, überträgt, so zwar, daß dieser übertragene Bestandteil auch bei dem neuen Eigentümer seine Bestimmung als Vermögen, als Kapital erfüllt, d. h. weiter produktiv wirkt und nicht wie Einkommen — grundsätzlich — konsumiert wird. Ob und wieweit dies tatsächlich geschieht, hängt daher von der Verwendung des Steuerertrages, also davon ab, ob dieser Ertrag zu privatwirtschaftlichen oder wenigstens zu sogenannten staatswirtschaftlichen Kapitalsanlagen (Verwaltungsreorganisation, Neubewaffnung des Heeres und dergl.) Verwendung findet oder nur zur Deckung der ordentlichen laufenden Verwaltungs-

[1]) Dabei scheiden nominelle Vermögenssteuern (z. B. die niedrige preußische Ergänzungssteuer), bei denen das Vermögen nur Bemessungsgrundlage (Besteuerungsmaßstab) ist, während die Steuerquelle das Einkommen ist und sein soll, aus. Es kommen nur in Betracht reelle Vermögenssteuern, die so hoch sind, daß sie aus dem Einkommen nicht bestritten werden können Solche reellen Vermögenssteuern brauchen keineswegs auch nominelle zu sein (z B. Erbschaftssteuer, hohe Umsatzsteuern).

ausgaben. Nur für den ersten dieser drei Verwendungszwecke kann unbedingt angenommen werden, daß trotz der Verminderung des Einzelvermögens eine solche des Volksvermögens nicht stattfindet. — Wagner will eine Besteuerung des Einzelvermögens auch dann zulassen bzw. eine unzulässige Besteuerung des Nationalkapitals dann nicht annehmen, wenn aus der Übertragung von Privatvermögen aus einer Einzelwirtschaft auf eine andere, d. h. auf die des Steuergläubigers, eine entsprechende Veränderung, der Höhe des Privateinkommens insbesondere im Sinne einer Steigerung der Sparfähigkeit hervorgeht (Wagner S. 321). Als Beispiel führt er an, daß etwa die Ersetzung einer hohen Verbrauchssteuer auf den Massenkonsum durch eine Vermögensbesteuerung der reichen Klassen zwar eine veränderte Verteilung, aber keine Verminderung des Nationalvermögens zu bewirken brauche, indem die Sparfahigkeit der kleineren Einkommen steige, so etwa, daß das in die Sparkassen flosse, was sonst an der Effektenbörse zur Anlage gelangt wäre. Wagner übersieht dabei meines Erachtens, daß die Sparmöglichkeit, d. h. die Leichtigkeit, Teile des Einkommens zur Kapitalsneubildung zu verwenden, um so größer ist, je mehr das Einkommen nicht nur den notwendigen Lebensbedarf deckt, sondern auch für Luxusbedürfnisse ausreicht. Es werden daher Arbeiter, deren freies Einkommen vermehrt wird, dieses in erster Linie zur Verbesserung ihres „standard of life" benutzen. Keinesfalls kann angenommen werden, daß sie mehr sparen würden als die Reichen ohne die hohe Vermögenssteuer. Es ist vielmehr mit Roscher anzunehmen, daß die Unterstellung einer ungeschmälerten Erhaltung des Volksvermögens trotz Verminderung des Einzelvermögens zu optimistisch ist. Übrigens sagt auch Wagner selbst, daß die Möglichkeit eines solchen Ergebnisses für die Praxis der Besteuerung nicht genüge; es käme vielmehr auf den Grad seiner Wahrscheinlichkeit an und solche Erwägungen lenkten von derartigen Steuern ab [1]).

---

[1]) Wenn Wagner zugunsten der reellen Vermögensbesteuerung der Einzelwirtschaft auch noch anführt, das Vermögen habe seinen gewöhnlichen Ursprung doch in dem früheren Einkommen. und daher greife die Einkommenbesteuerung ebenso sehr in die Bildung und Verteilung des Privateinkommens ein wie die Vermögensbesteuerung, so ist auf den erheblichen Unterschied zwischen der Erschwerung der Bildung neuen Vermögens und der Zerstörung bereits gebildeten Kapitals hinzuweisen.

Wagner rechtfertigt die reelle Besteuerung des Einzelvermogens endlich noch als Glied eines sozialpolitischen Steuersystems. Als solche sei sie der progressiven Einkommensteuer und der Vorbelastung des fundierten Einkommens an die Seite zu stellen. Hierbei sei der Ursprung des Vermogens, je nachdem ob es okonomisch verdient oder zufällig erlangt, insbesondere etwa durch Konjunktur zu gewinnen sei, von Wichtigkeit. Weshalb dies besonders geeignete Steuerobjekte sind, sagt Wagner nicht. Da wir oben bereits mit der Nichtanerkennung des sozialpolitischen Steuerzwecks eine nur sozialpolitisch begründete Steuer abgelehnt haben, so erübrigt sich schon aus diesem Grunde die Prüfung, inwieweit dieser Gedanke eine reelle Vermögensbesteuerung rechtfertigen konnte.

Demnach ist der Inhalt des Steuerprinzips der Wahl richtiger Steuerquellen dahin festzustellen, daß die Steuern grundsätzlich aus dem Einkommen und zwar auch aus dem Einzeleinkommen fließen müssen.

Wie sind nun die beiden Wertzuwachssteuerformen unter diesem Gesichtspunkt zu beurteilen? Zunächst wird festzustellen sein, ob sie regelmäßig aus dem Einzeleinkommen bestritten werden können, oder ob sie eine reelle Besteuerung des Einzelvermögens darstellen.

Bei der zwar außerordentlich verschiedenen, aber vielfach sehr großen Höhe der indirekten Steuersatze wird in zahlreichen Fällen das Einkommen zur Bestreitung der Steuer nicht ausreichen. Allerdings kann hier nur von einem durchschnittlichen Einkommen des betreffenden Steuerpflichtigen im Laufe der letzten Jahre ausgegangen werden (so auch Wagner, S. 315), und es darf der bei dem Verkauf errechnete Wertzuwachsgewinn nicht ohne weiteres dem Einkommen hinzugerechnet werden. Denn wenn der Wertzuwachs an sich auch als Einkommen bzw. als Ertrag angesehen werden kann, so ist doch bei der indirekten Wertzuwachssteuer zu beachten, daß es sich nicht um Ertrag des letzten oder der letzten Jahre handelt, sondern um Ertrag aus vielleicht 20 oder 30 Jahren. Ein Teil dieses früher erzielten, aber jetzt erst berechneten Ertrages ist vielleicht schon vor Jahren realisiert — etwa durch Aufnahme einer neuen Hypothek — und damals werbend angelegt, der übrige Teil, der jetzt realisiert wird, stellt aber jedenfalls erspartes Einkommen, also Vermögen oder zur Anlage bestimmtes

Kapital dar. Die Steuer macht nun diese Anlage zum Teil unmöglich. Vgl. übrigens auch Wagner S. 324—25.

Die indirekte Wertzuwachssteuer ist also, mindestens häufig, eine reelle Besteuerung des Einzelvermögens.

Es bleibt dann weiter zu untersuchen, ob etwa die durch die Steuer bewirkte Übertragung von Einzelvermögen auf die Gemeinde oder das Reich produktiv wirkt. Diese Produktivität würde an der Verwendung der Steuer zu prüfen sein, und zwar müßte in erster Linie gefordert werden, daß die Steuer zur Anlage eines privatwirtschaftlich rentablen Unternehmens verwandt wird. Von den sogenannten staatswirtschaftlichen Kapitalanlagen würde bis zu einem gewissen Grade Ähnliches gelten dürfen; in der Verwendung der Steuererträge zu den laufenden ordentlichen Verwaltungsausgaben würde dagegen keinesfalls eine Produktivität der aufgewandten Vermögensteile zu sehen sein. Da nun für ein nach modernen Finanzgrundsätzen geordnetes Gemeinwesen anzunehmen ist, daß die Mittel für seine privatwirtschaftlichen Anlagen stets, diejenigen für staatswirtschaftliche Kapitalsanlagen überwiegend aus Anleihen bestritten werden, so bleiben für die Steuern im allgemeinen — und mit Recht — nur die laufenden Verwaltungskosten übrig, die, so notwendig sie auch sind, doch nicht als produktiv betrachtet werden können. Daher kann auch von den Erträgen der Wertzuwachssteuer nicht angenommen werden, daß sie in den Händen der Gemeinden produktiv wirken (s. auch unten S. 154), und zwar umsoweniger, als die Gemeinden zur Einführung der Wertzuwachssteuer bisher — leider — immer erst dann gelangt sind, wenn die anderen Steuern für die Deckung der dauernden und notwendigen Ausgaben nicht ausreichten. — Die Reichszuwachssteuer ist bekanntlich in demselben Maße aus der drückendsten Finanznot heraus entstanden. — Anders würde das Ergebnis sein dürfen, wenn eine Gemeinde oder das Reich die Steuer lediglich zu dem Zwecke einführten, um den Ertrag zum Bau von Wohnungen oder sonst zur Verbesserung des Wohnungswesens zu verwenden. (Vgl. aber über solche Zweckbestimmung unten S. 155.)

Es bleibt endlich noch die Frage offen, ob etwa die zunächst durch die Steuer verursachte Verminderung des Volksvermögens eine entsprechende Veränderung des Einzeleinkommens, insbesondere eine Erhöhung der Sparfähigkeit zur Folge hat oder doch haben könnte. Es ist indessen nicht ersichtlich, wie das der Fall sein sollte. Ganz ausgeschlossen ist es insoweit, als der Veräußerer die Steuer auch wirklich endgültig trägt. Nun ist jedoch im Gegensatz zu Köppe und anderen, die die Steuer für unabwälzbar halten, mit Diehl anzunehmen, daß sie vielfach wenigstens teilweise abgewälzt werden wird[1]). Die Folge dieser Abwälzung müßte eine Erhöhung der Grundstückspreise sein. Soweit in dieser „Werterhöhung", die tatsächlich nur eine Preissteigerung von Verbrauchsgütern ist, eine Produktivität der Steuer gesehen werden könnte, müßte sie jedenfalls zu einer Erhöhung auch der Mietspreise führen, eine Folge, die zweifellos unerwünscht und auch keinesfalls geeignet ist, die Sparfähigkeit irgendwelcher Bevölkerungsklassen zu erhöhen, die sie vielmehr vermindert.

Die eben besprochene Frage sei noch durch ein Beispiel beleuchtet: Ein kleinerer Bauunternehmer hat ein Haus fertiggestellt, ein zweites will er bauen und hat sich ein Gelände dafür gesichert, für das er 10 000 M bei der Übergabe anzahlen muß. Nun verkauft er das fertige Haus mit einem Gewinn von 20 000 M. Die Hälfte dieser Summe muß er als Restkaufgeld eintragen lassen, da der Käufer nicht mehr zahlen kann. Auf die verbleibenden bar zahlbaren 10 000 M. hat er für die Anzahlung auf das neue Grundstück gerechnet. Wenn er nun 3000 M Wertzuwachssteuer zu zahlen hat, muß er trotz der vermeintlich in dem hohen Gewinn zutage getretenen Leistungsfähigkeit Schulden machen. Er verwendet damit Vermögen zur Steuerzahlung. Da nun nicht angenommen werden kann, daß die Gemeinde die 3000 M. produktiv verwendet, und da andererseits der Bauunternehmer bestrebt sein muß, die für die Steuer geliehenen 3000 M. wieder einzubringen, indem er sie den Kosten des neu zu bauenden Hauses hinzuzuschlagen versucht, so erhellt die volkswirtschaftlich nachteilige Wirkung — Verminderung des Volksvermögens oder Steigerung der Hauspreise — ohne weiteres.

Manche Realpolitiker der Wertzuwachssteuer nehmen an derartigen Folgen, falls sie sich darüber klar sind, anscheinend

---

[1]) Die unten näher erörterte Frage der Abwälzung spielt in die Frage, welche Steuerquelle endgültig belastet wird, insofern hinein, als durch die Überwälzung die Steuer vielfach ganz anders nach Steuerquellen und Steuerträger verteilt wird als ursprünglich nach Steuerobjekt und Steuerzahler (vgl. Wagner, S 340).

nicht den geringsten Anstoß. Bei ihnen tritt immer nur der Gedanke in den Vordergrund und wirkt bestimmend auf die Gestaltung der Steuer und besonders auf die Höhe der Steuersätze ein, wie zur Zeit der höchste Ertrag erzielt werden kann, ohne daß der Steuerpflichtige, der immer als der mühelos riesige Gewinne einstreichende „Spekulant“ erscheint, sich darum „drücken“ kann[1]).

Hiernach ist festzustellen, daß die indirekte Wertzuwachssteuer nicht nur vorläufig dem Einzelvermögen entnommen werden muß, sondern daß diese Vermögensübertragung sich weder in der Verwendung durch die Gemeinde oder den Staat noch durch sonstige Wirkungen ihrer Entnahme aus der Einzelwirtschaft als produktiv erweist, im Gegenteil vielfach zu einer Steigerung der Boden- und Mietpreise führen wird, so daß nationale Produktionsmittel zur Verteuerung der Konsumtionsmittel Verwendung finden.

Wenn wir nunmehr fragen, wie die direkte Wertzuwachssteuer dem Steuerprinzip der Wahl richtiger Steuerquellen Rechnung trägt, so ergibt sich ohne weiteres, daß diese niedrige und in Raten zu erhebende Steuer ebenso gut aus dem Einzeleinkommen entnommen werden kann wie jede Ertragssteuer, insbesondere wie die Grundsteuer nach dem gemeinen Wert. — Es zeigt sich daher auch für dieses wichtige Steuerprinzip wieder eine große Überlegenheit der direkten Steuerform.

Das zweite der volkswirtschaftlichen Steuerprinzipien betrifft die Wahl der Steuerarten, insbesondere im Hinblick auf die Überwälzung. Es fragt sich also hier: Welche Folgen ergeben sich aus der bei der Wertzuwachssteuer etwa zu erwartenden Abwälzung der Steuer für die endgültige Steuerverteilung und für deren Einfluß auf die Volkswirtschaft?

Es kann hier wegen des Umfanges der Überwälzungsprobleme, die bekanntlich eine außerordentlich zahlreiche Literatur veranlaßt haben, auf ihren theoretischen Grundcharakter und die zahlreichen Einzelfragen (Hinwirkung der Abwälzung auf Gleichmäßigkeit oder Ungleichmäßigkeit der Besteuerung, Arten und

---

[1]) Mit am scharfsten tritt diese, wie mir scheint, kurzsichtige Fiskalität in die Erscheinung bei Boldt (vgl. z B S 85).

Mittel der Überwälzung) nicht näher eingegangen werden. Denn auch hier wäre zu fürchten, daß eine nicht ausführlich begründete Stellungsnahme kaum von Vorteil sein, insbesondere etwaigen Einwänden gegen die grundsätzliche Stellungnahme kaum vorbeugen würde. Es genügen indessen auch folgende — nicht streitige — Feststellungen:

Der Gesetzgeber verbindet mit der jeweilig zur Verwirklichung des Grundgedankens einer Steuer gewählten Steuerart gewisse Absichten hinsichtlich der Abwälzung oder Nichtabwälzung der Steuer auf andere Steuerträger. Für die einzelne Steuerart lassen sich jedoch keine unbedingt gültigen Regeln, sondern nur gewisse Tendenzen für die Abwälzung feststellen, die bald mehr, bald weniger verwirklicht werden.

Es ist daher zunächst zu fragen, welche Absichten der Gesetzgeber hinsichtlich des endgültigen Steuerträgers bei der indirekten Wertzuwachssteuer gehabt haben wird. Da diese Steuer ganz überwiegend als Besteuerung des vom Veräußerer erzielten mühelosen Gewinnes aufgefaßt wird, eine Auffassung, welche mit der Wahl der indirekten Steuerform übereinstimmt, — so wird der Gesetzgeber offenbar wünschen, daß die Steuer auch voll von dem getragen wird, der den Gewinn erzielt hat, d. h. vom Veräußerer. Die indirekte Steuer darf also, um ihr Ziel zu erreichen, nicht abwälzbar sein. Tatsächlich wird dies auch von den meisten Verteidigern der Steuer behauptet und in der vermeintlich endgültigen Belastung der „gewissenlosen Spekulanten" und der Millionenbauern der Hauptvorzug dieser Steuer gesehen.

Ist nun die Wertzuwachssteuer in der Tat nicht abwälzbar? Wenn ich diese Frage beantworten wollte mit Ausführungen, die eine selbständige Stellungnahme darstellten, die sie gegen die abweichenden anderen Meinungen verteidigen konnten, so würde das allein mindestens zu einem Buche vom Umfange des vorliegenden führen müssen. Denn die Literatur über diese Frage ist, da diejenige über das Wesen der Grundrente untrennbar hinzugehört, so umfangreich daß bei kürzerer Behandlung der Vorwurf der Unvollständigkeit nur zu begründet sein müßte. Ich stelle daher diese Aufgabe zur Seite und beschranke mich darauf, meine Auffassung ohne eigene Begründung darzulegen. Sie deckt sich völlig mit der von Karl Diehl in den Conradschen Jahrbüchern (III. Folge, Bd. 36, S. 722 ff.) vertretenen Meinung[1]). Danach gestattet diese Frage der Abwälzbarkeit keine andere Antwort als die bekannte: „es kommt darauf an", und zwar auf sehr verschiedene, verwickelte und von Fall zu Fall anders liegende Verhältnisse, in die lediglich durch die allgemeinen, aber natürlich auch wechselnden Konjunkturen auf dem Wohnungsmarkt und überhaupt durch die Konjunkturschwankungen des gesamten Wirtschaftslebens höchstens eine gewisse, aber vorübergehende Tendenz hineingebracht wird. Bei eintretendem Wohnungsmangel wird vielfach der Käufer die Wertzuwachssteuer tragen, während nach einer Überproduktion an Wohnungen die Nachfrage nach Häusern und Bauland sinkt, so daß sich dann der Haus- oder Baustellenbesitzer, um verkaufen zu können, die Wertzuwachssteuer meist von dem ohne die Steuer zu zahlenden Preise abziehen lassen, diese also tragen muß. Da wir nun überwiegend mit aufsteigender Konjunktur im Grundstücksmarkt zu rechnen haben, was schon daraus hervorgeht, daß die Kurve der Haus- und Bodenpreise trotz kleiner Schwankungen nach unten im ganzen zweifellos stark aufsteigende Tendenz hat, so wird die Wertzuwachssteuer häufiger und zum größeren Teile abgewälzt werden.

Soweit dies richtig ist, bildet die Steuer daher ein Moment im Sinne der Verteuerung der Wohnungen. Damit ist sie jedoch keineswegs völlig verurteilt. Auch Diehl zieht diese Folgerung nicht. Denn es bleibt noch die Frage offen, um wieviel die Wohnungen verteuert werden. Angenommen, eine Wertzuwachssteuer bringe einen jährlichen Ertrag von 100 000 M., so dürften, wenn auch $^4/_5$ der Steuer auf die Mieter abgewälzt werden, die Mieten in der ganzen Stadt doch nur um 80 000 M. steigen. Bei 1000 Gebäuden entfielen dann auf jedes Haus durchschnittlich 80 M. Auf die minderwertigen Häuser mit vielen kleinen Wohnungen würde natürlich nur ein wesentlich niedrigerer Betrag abgewälzt werden können, und die einzelne Wohnung der minderbemittelten Bevölkerung könnte daher nur ganz unwesentlich im Preise steigen. Hierbei ist angenommen, daß in dieser Stadt z. Zt. ein Wohnungsmangel besteht, andernfalls würde die Steuer ja überwiegend vom Grundbesitzer getragen

[1]) Ganz ähnlich übrigens selbst Wagner, S. 365.

werden. Wenn nun etwa der größte Teil des Steuerertrages von 100 000 M. jährlich zum Bau von billigen Kleinwohnungen verwandt würde, oder wenn die Steuerordnung selbst durch besondere Vorschriften eine dauernde Belebung der Bautätigkeit über den normalen Umfang hinaus bewirkte, so würde dadurch die Konjunktur verschoben, die Steuer würde zu einem größeren Teil den Verkäufern zur Last fallen, und die Wohnungen würden nicht teurer werden dürfen.

Die Frage der kommunalen Förderung des Wohnungswesens muß aber für den Vergleich der Abwälzungsergebnisse beider Steuerformen, insbesondere für die Frage, welche von ihnen die Wohnungen verteuert, bei beiden ausscheiden. Indessen sahen wir, daß hinsichtlich der Belebung der Bautätigkeit durch die Vorschriften der Steuerordnung, insbesondere die Tarifgestaltung, sichere Erfolge bei der indirekten Steuer keineswegs zu erwarten sind.

Zu Ungunsten der indirekten Steuer kommt auch noch ein weiteres in Betracht. Die Steuerbeträge, um deren Abwälzung es sich handelt, sind zwar sehr verschieden, vielfach jedoch sehr hoch; vor allem aber treffen sie gleichzeitig immer nur vereinzelte Grundstücke. Wenn nun von einem solchen hohen Wertzuwachssteuerbetrag auch nur die Hälfte abgewälzt wird, so ist der Käufer, wenn er nicht im Verhältnis zu den Nachbarn einen Verlust in dieser Höhe erleiden will, zu dem Versuch gezwungen, diesen Steuerbetrag auf den Verkaufspreis oder seine Verzinsung auf die Mieten aufzuschlagen. In dem Maße nun, wie ihm dies gelingt, und es muß ihm bei dem vorausgesetzten Wohnungsmangel[1]) gelingen, werden auch die Nachbarn in der Lage sein, die Preise oder Mieten zu erhöhen, auch ohne daß sie zurzeit eine Steuer zu tragen haben. Trifft dann später auch einen von ihnen die Steuer, so wiederholt sich das Spiel, und auf diese Weise wird es kommen, daß infolge des zeitlichen Auseinanderfallens der Steuerfälle und infolge ihrer sehr verschiedenen Höhe die Mieten oft mehr gesteigert werden, als es zur Weiterwälzung der auf die Käufer abgewälzten Steuer notwendig wäre. Natürlich wird auch hiermit

---

[1]) Wohnungsmangel ist deshalb vorausgesetzt, weil im Fall des Wohnungsüberflusses eine Abwälzung auf den Käufer in der Regel nicht möglich ist.

nur eine Tendenz behauptet, kein rein zahlenmäßig nachweisbares, überall gleich stark zur Geltung kommendes Gesetz [1]).

Das Ergebnis für die indirekte Wertzuwachssteuer ist daher, daß sie bei der im allgemeinen vorherrschenden aufsteigenden Konjunktur auf dem Grundstücksmarkt zu einem erheblichen Teile auf den Käufer abgewälzt wird (ebenso Wagner, S. 365) und zu einer Verteuerung der Bodenpreise fuhrt, soweit nicht eine danebengehende kommunale Bodenpolitik dem entgegenwirkt.

Welche endgültige Verteilung durch die Abwälzung und welche Wirkungen auf die Preise entsprechen nun der Natur der direkten Wertzuwachs-Grundsteuer?

Hier wird der Wertzuwachs besteuert als ein Teil des Ertrages des Grundstücks, und zwar wird er um so höher besteuert, je mehr aus der Schnelligkeit der Wertsteigerung zu folgern ist, daß er zu einem großen Teil auf den Aufwendungen der Gemeinden beruht, die mit der Steuer entgolten werden sollen. Die Steuer erscheint gewissermaßen — im Hinblick auf die Form der Grundsteuer — als ein Teil der Bewirtschaftungskosten des Grundstücks, der Produktionskosten im allgemeinen volkswirtschaftlichen Sinne. Im Hinblick auf ihr Steuerprinzip erscheint sie dagegen als nachträgliche Zahlung für einen bereits genossenen Vorteil. Die Frage, ob deren Abwalzung auf den Konsumenten, den Mieter, zu wünschen ist, läßt sich nicht mit Ja oder Nein, sondern nur dahin beantworten, daß die Deckung, das Wiedereinbringen der Produktionskosten durch Abwälzung umsoweniger zu wünschen ist, je höher trotz dieser Produktionskosten der Reinertrag des Grundstücks ist, daß eine Abwälzung umsomehr zu wünschen ist, je geringer der Reinertrag ist. Da nun bei einem hohen Wertzuwachszuschlag der Wertzuwachsertrag des Grundstücks ein relativ günstiger gewesen sein muß, so ergibt sich die Forderung, daß hohe Wertzuwachssteuerbeträge vom Grundeigentümer getragen werden sollen und nicht auf den Mieter abgewalzt werden dürfen. Für die Abwälzung des durchschnittlichen Normalbetrages

[1]) Gegenuber der bodenreformerischen Deduktion von Damaschke, Kampf, S 20 f sei nur festgestellt, daß man sich fur die Nichtabwalzbarkeit der Wertzuwachssteuer zweifellos nicht auf Wagner berufen kann Vgl die oben zitierte Stelle

der Wertzuwachssteuer hat dagegen ähnliches zu gelten wie für die Grundsteuer überhaupt.

Für die niedrigen Durchschnittsbeträge des Wertzuwachszuschlages wie für die gewöhnlichen Grundsteuern gilt folgendes: Von der Finanzwissenschaft wird angenommen, daß Steuern, die sich wie die Einkommens-, Vermögens- und Erbschaftssteuern unmittelbar an das fertige Resultat abgeschlossener Erwerbsvorgänge, kurz an das fertige Einkommen anschließen, als Ausgaben aus diesem Einkommen gleich wie andere Ausgaben zur Bedürfnisbefriedigung auch vom Steuerpflichtigen betrachtet würden; bei ihnen sei daher das Abwälzungsstreben nicht entwickelt. Dagegen würden Steuern wie die gewöhnlichen Ertragssteuern, die der Geschäftsmann zahle, während er mit der Erwerbung von Einkommen und Vermögens mittels der einzelnen Ertragsgewinnungen beschäftigt sei, regelmaßig zu den Geschäftsauslagen (Produktionskosten) gerechnet. Bei ihnen bestehe das Bestreben, diese Auslagen erst abzuwälzen und erst den verbliebenen Teil als Reineinkommen zu betrachten[1]). Diese Unterscheidung erscheint durchaus richtig.

Nun knüpft zweifellos der Wertzuwachszuschlag an den nachweisbaren, bereits entstandenen Vorteil, an „fertiges" Einkommen an, während die Grundwertsteuer als eine während des Erwerbes zu leistende Ausgabe betrachtet werden wird. Demnach ist für die Wertzuwachssteuer anzunehmen, daß sie — von diesem Gesichtspunkt aus — schwerer und seltener abgewälzt wird als die Grundwertsteuer. Andererseits ist zu berücksichtigen, daß auch die Wertzuwachssteuer äußerlich als Grundsteuer auftritt. Darin liegt wieder ein Moment, das ihre Abwälzung etwas erleichtert. Als Ergebnis ist daher aus diesem Gegeneinanderwirken des ertragssteuerartigen und des einkommensteuerartigen Momentes anzunehmen, daß der direkten Wertzuwachssteuer — bei normaler Höhe — eine bestimmte Tendenz für die Abwälzung kaum innewohnt, daß sie daher besonders befähigt sein muß, dem Wechsel der Konjunktur zu folgen und daher bald abgewälzt, bald vom Grundeigentümer getragen werden wird. Immerhin ist sie von der Grundsteuer etwas zu unterscheiden, weil sie als eine aus dem „fertigen" Einkommen zu leistende Ausgabe empfunden werden wird.

---

[1]) Vgl. auch Bodenreform vom 20. Juli 1910, S. 413.

Damit soll übrigens nicht der Eindruck erweckt werden, als ob diese direkte Wertzuwachssteuer niemanden belaste, weder Grundbesitzer noch Mieter. Denn jede Steuer, die einen Mehrertrag bringen soll, muß natürlich aus irgendeinem Teile des Volkseinkommens fließen. Es kann nur das gefordert werden, daß es leistungsfähige Schultern sind, die die Last endgültig tragen, und was insbesondere die Frage anlangt, ob dem Mieter oder Vermieter die Last zugemutet werden soll, so kann nur diejenige Steuer als ungerecht und unsozial bezeichnet werden, die von den minderbemittelten, leistungsschwachen Mietern zu tragen ist. Nun kann, soweit der bebaute Grundbesitz in Frage kommt, die direkte Wertzuwachssteuer vorzugsweise nur von Häusern in solchen Straßen und Stadtteilen erhoben werden, die im besonderen Aufschwung begriffen sind. Dort aber wohnen ganz überwiegend die leistungsfähigen Elemente.

Die Verschiedenartigkeit der Wertzuwachsgrundsteuer und der Wertsteuer äußert sich auch noch in einer anderen Überwälzungsfrage. Eine Erhöhung der Grundsteuer nach dem gemeinen Werte muß auf die Kaufpreise der Häuser zunächst drücken; denn im allgemeinen wird der Kaufpreis eines Hauses bestimmt durch seine Rentabilität, durch eine Kapitalisierung des sogenannten Überschusses. Die Höhe dieses Überschusses wird natürlich vermindert durch eine Steigerung der Grundsteuer; aber doch nur unter der Voraussetzung, daß diese Grundsteuer auch künftig zu zahlen ist. Denn nicht der bisherige, sondern der künftige Überschuß wird beim Verkauf kapitalisiert. Auf den künftigen Überschuß drückt aber nur eine solche Grundsteuer, die — wie die Grundwertsteuer — auch künftig auf jeden Fall zu zahlen ist, während es nicht gelten kann für den Teil der Grundsteuer, der nach dem Wertzuwachs veranlagt wird. Denn dieser Teil ist nur dann auch künftig zu zahlen, wenn das Grundstück eine weitere Werterhöhung erfährt. Derjenige Käufer, der den Kaufpreis drücken wollte mit dem Hinweis auf die künftig wiederzuzahlende Wertzuwachssteuer, würde daher damit zugleich zugeben, daß das Grundstück noch wertvoller wird, ein Umstand, der zweifellos eher eine Preiserhöhung als einen Preisdruck zur Folge haben wird. Daher werden alle Grundstücksbesitzer, die mit der Möglichkeit des späteren Verkaufes rechnen, die Wertzuwachsgrundsteuer der Grundwertsteuer vorziehen.

Zu prüfen bleibt nunmehr noch, inwieweit die für hohe Wertzuwachssteuerbetrage für erwünscht gehaltene Nichtabwälzbarkeit tatsächlich zu erwarten ist. Nachdem wir eben gesehen haben, daß eine Steuer um so eher als Einkommensteuer empfunden und deshalb um so schwerer abgewälzt wird, je deutlicher sie als eine aus dem fertigen Einkommen zu leistende Ausgabe erscheint, darf erwartet werden, daß die Abwälzung regelmäßig nicht gelingen wird. Denn je höher die Steuer ist, je höher also der Wertzuwachs war, umsomehr muß sie als nachträglich gezahltes Entgelt für einen bereits genossenen Vorteil empfunden werden. Dies gilt insbesondere bei bebauten Grundstücken, für welche eine Wertzuwachssteuer nur erhoben werden soll, nachdem sie tatsächlich einen höheren Ertrag schon geliefert haben. Der Grundbesitzer muß hier annehmen, daß die Abwälzung in dem Zeitpunkt der Zahlung der Steuer gewissermaßen schon erfolgt ist, daß ihm die Steuer in den höheren Mietserträgen vom Mieter bereits vorgestreckt ist. Bei diesen höheren Steuerbeträgen tritt die mehr äußerliche Grundsteuernatur, die, wie wir sahen, ein für die Abwälzung sprechendes Moment ist, mehr zurück.

Aber auch soweit bei der direkten Wertzuwachssteuer etwa doch eine Abwälzung stattfindet — und je nach der Konjunktur wird dies auch bei ihr mehr oder weniger der Fall sein —, ergeben sich Vorteile gegenüber der indirekten Steuerform. Die obenerwahnte Möglichkeit, daß bei der indirekten Steuer mehr abgewälzt wird, als gezahlt wurde, fällt bei der direkten Steuer fort, denn sie trifft alle Grundstücke zur gleichen Zeit und bei gleicher Lage mit annahernd gleichen, im ganzen aber viel niedrigeren Beträgen, während die Moglichkeit einer übermäßigen Abwälzung gerade durch das zeitliche Auseinanderfallen der Steuerfälle bei der indirekten Steuer begünstigt wurde.

Endlich ist zu beachten, daß bei der direkten Wertzuwachssteuer durch besondere Vorschriften mit mehr Erfolg als bei der indirekten Steuerform auf eine Belebung der Bautätigkeit hingewirkt werden kann (vgl. oben S. 109). Dadurch wird der aus einer etwa doch stattfindenden Abwalzung zu erwartenden Verteuerung der Mieten — selbst ohne eigentliche kommunale Bodenpolitik — entgegengewirkt werden.

Auch für das Abwälzungsproblem ist daher die direkte Steuer der indirekten überlegen. — Noch einmal aber sei hervorgehoben, daß nach meiner Auffassung die Aufstellung allgemeiner Regeln über die Abwälzbarkeit keine allzugroße Bedeutung hat, und auch die hier aufgestellten Regeln über die mutmaßliche Einwirkung der direkten Wertzuwachssteuer auf die Mieten und die Preise können nur eine bedingte Richtigkeit für sich in Anspruch nehmen.

Bei Steuern, deren Sätze eine normale Höhe haben, die daher ohne weiteres aus dem Einkommen bestritten werden können, und zumal bei den Ertragssteuern verliert die ganze Überwälzungsfrage überhaupt an praktischer Bedeutung. Denn die Steuer spielt bei dem Überwalzungsprozeß meist nur in der ersten Zeit nach ihrer Einführung die Rolle eines selbständigen Wertfaktors. Dann wird sie durch die Überwälzung mehr und mehr neutralisiert unter Einwirkung des ökonomischen Gesetzes der sogenannten Gewinnausgleichung (vgl. darüber z. B. Wagner, S. 344).

Da die Steuerprinzipien der Gerechtigkeit bereits in den beiden Hauptteilen der Arbeit behandelt sind, bleiben nunmehr noch die Prinzipien der Steuerverwaltung für den Vergleich der beiden Steuerformen zu erörtern. Die hierher gehörigen, inhaltlich kaum streitigen Grundsätze sind folgende: Bestimmtheit gegenüber den Steuerpflichtigen, möglichste Bequemlichkeit zumal für den Steuerzahler und geringe Erhebungskosten.

Die Bestimmtheit der Besteuerung ist abhängig von der Tüchtigkeit des Verwaltungspersonals und von der Einfachheit der Steuergesetze. Auf die erstere ist noch kurz zurückzukommen, die letztere dürfte bei der direkten Wertzuwachssteuer wesentlich größer sein. — Für die Frage der Einfachheit einer Steuer kommen einmal die Natur des Steuerobjekts und die zu seiner Feststellung erforderlichen Ermittelungen in Betracht, daneben die Einfachheit, juristische Schärfe und Unzweideutigkeit der Sprache.

Daß das Steuerobjekt der indirekten Steuer zu seiner Ermittelung erheblich schwierigere Feststellungen erfordert als die direkte, ist oben an mehreren Stellen bereits betont. Die Ursache dafür liegt vor allem in der Länge der zurückliegenden Zeit, für die noch Feststellungen zu treffen sind. Es konnen auf 30 Jahre zurück Preise, Vorgänge und — Absichten[1]) festzustellen sein.

[1]) Über solche „Absichten" vgl auch z B § 3 des Reichsgesetzentwurfes in der Fassung der zweiten Lesung: „wenn die Gemeinschaft, um die Wertzuwachssteuer zu sparen, geschaffen ist."

Denn wenn es sich darum handelt, zu prüfen, ob eine vor 20 Jahren gemachte Ausgabe eine „dauernde Verbesserung“ oder eine Ausgabe der „laufenden Unterhaltung“ war, so wird es häufig darauf ankommen, welche Absichten bei der Verwendung des Kapitals vorgelegen haben. Man denke etwa an ein in der Zwangsversteigerung in gänzlich verwahrlostem Zustande erworbenes Haus, das umfangreiche Instandsetzungsarbeiten erfordert, um überhaupt vermietbar zu sein. Diese Ausgaben sind für den neuen Besitzer, zumal wenn er die Renovierung auf einmal vornehmen läßt, Ausgaben für dauernde Verbesserung, zumal in dem Fall, wenn er das Haus möglichst bald wieder verkaufen will. Wenn er die Ausgaben dagegen mehr verteilt und allmählich zu einer angemessenen Rente aus dem Hause gelangen will, so sind dieselben Ausgaben solche der laufenden Unterhaltung und bei der Wertzuwachsberechnung nicht abzugsfähig. Es liegt auf der Hand, daß die Schwierigkeit derartiger Feststellungen etwa im Quadrat der Zahl der zurückliegenden Jahre wächst. Schon allein deshalb, weil die „Beläge“, die zum Nachweis gefordert werden müssen, nach einigen Jahren meist nicht mehr beizubringen sind. Noch schwieriger als die Feststellung der Kapitalsaufwendungen ist die Feststellung der früheren Preise, insbesondere aber der früheren — vom Preise etwa abweichenden — Werte.

Alles dies ist bei der direkten Steuerform wesentlich leichter, weil alle diese Fragen nur für einen 3 Jahre zurückliegenden Zeitraum zu erörtern sind. Um sich ein Bild des sich hieraus ergebenden Unterschiedes zu machen, gehe man einmal die einzelnen Bestimmungen z. B. der Berliner Steuerordnung und des Reichsentwurfes durch und dann diejenigen der obigen direkten Steuerordnung. Es wird sich zeigen, daß bei der direkten Steuer in keiner Hinsicht Feststellungen zu treffen sind, die sich nicht schon in langer Praxis als gut und einfach durchführbar bewährt haben, nämlich die Schätzung von Grundstückswerten — bei der Grundsteuer nach dem gemeinen Wert — und ferner die Ermittlung der Aufwendungen in einem dreijährigen zurückliegenden Zeitraum — bei der Einkommensteuer. Dagegen finden wir bei der indirekten Steuer Vorschriften, die nicht nur der Steuerspezialist, sondern jeder Verwaltungsbeamte ohne weiteres als praktisch völlig unanwendbar erkennen wird. Es mag daher genügen, nachstehend einige dieser Vorschriften aufzuzählen:

„Übliche Bauzinsen", „übliche Kosten der Hypothekenbeschaffung" (Berliner St.-O. § 2 zu b) und c); dann vor allem aber aus dem Reichsgesetzentwurf nach der zweiten Lesung § 1: „der Wertzuwachs, der ohne Zutun des Eigentümers entstanden ist;" ferner daselbst § 5 und dazu Weber, Referat S. 36—37, § 7, Abs. 2, § 9 und dazu Weber, § 10^2 und § 10^4; vor allem aber § 14, Abs. 1 und Absatz 3.

Wenn nun Boldt (S. 157) sagt: „Die Bestimmungen eines Reichszuwachssteuergesetzes müssen so klar und einfach wie möglich sein, so zeigt das den Unterschied zwischen Theorie und Praxis.

Daß die erwähnten Bestimmungen auch in Bezug auf Einfachheit und Unzweideutigkeit der Sprache keinesfalls genügen können, dürfte nicht zweifelhaft sein. Beispiele des geraden Gegenteils bilden auch § 17 und vor allem § 20, Abs. 3 des Reichsgesetzentwurfes nach der zweiten Lesung.

Was sodann die Tüchtigkeit des Veranlagungspersonals anlangt, so können gleich tüchtige Beamte mit schwierigen Steuergesetzen natürlich schlechter fertig werden als mit einfachen. Unter dieser Tatsache wird das Gefühl der eigenen Sicherheit erheblich leiden müssen, und weiterhin werden die Steuerpflichtigen in gleichem Maße das Gefühl der Rechtsunsicherheit, ja der Willkür haben.

In Ansehung der Bequemlichkeit der Steuerzahlung geht die Forderung dahin, die Zahlung hoher Steuern durch Ratenzahlungen zu erleichtern, und zwar nicht in der Weise, daß die an sich in voller Höhe fällige Steuer durch Entgegenkommen der Steuerbehörde gestundet wird, sondern daß die Steuer von vornherein erst in bestimmten, bequemen Zahlungsterminen fällig wird, mit der Wirkung, daß nun auf jeden Zahlungstermin nur ein relativ niedriger und daher leichter aufzubringender Betrag entfällt. In dieser Beziehung bedarf die Überlegenheit der direkten Steuer, welche den gesamten Steuerbetrag auf etwa zwölf Vierteljahrsraten verteilt, keines Nachweises; umsoweniger als die indirekte Steuer schon deshalb meist höher ist, weil sie neben höheren Prozentsätzen den Wertzuwachs für viel längere Zeiträume auf einmal erfaßt. Die Annahme, diese hohen Steuerbeträge würden schon deshalb „bequem" gezahlt werden können, weil sie aus dem großen baren Gewinn entnommen würden, ist bereits oben als unrichtig zurückgewiesen worden.

Endlich bleiben die beiden Steuerformen noch hinsichtlich der Erhebungskosten zu vergleichen. Diese entstehen teils durch die Veranlagung, teils durch die Einziehung der Steuer. Der erstere Teil steigt natürlich mit der Schwierigkeit der Veranlagung und ist daher bei der indirekten Steuer schon aus diesem Grunde höher. Was insbesondere die Reichszuwachssteuer anlangt, so ist ja bekanntlich vielfach die Vermutung ausgesprochen worden, daß die Erhebungskosten größer sein würden als der Ertrag. Aber wenn dies auch eine Übertreibung ist, so kann doch bestimmt angenommen werden, daß die Höhe der Veranlagungskosten prozentual eine sehr hohe sein wird. Bezeichnend ist in dieser Beziehung auch, daß die Bundesstaaten 10 Prozent vom Ertrage nur als Entschädigung für Veranlagung und Erhebung erhalten sollen (Begründung S. 27). Und einen Vergleich gestattet ferner die Tatsache, daß der Staat den Stadtkreisen, welche die Staatseinkommensteuer selbst veranlagen, für die ihnen dadurch zufallende Mühewaltung durchschnittlich kaum 1 Prozent des Ertrages zahlt.

Die Veranlagungskosten der direkten Wertzuwachssteuer sind dagegen besonders deshalb gering, weil sie zugleich mit der Grundwertsteuer und zum größten Teile unter Verwendung der dabei erfolgten Feststellungen stattfinden wird.

Auch die eigentlichen Einziehungskosten sind bei der indirekten Steuerform mindestens nicht geringer als bei der direkten. Denn die Höhe der Steuer wird vielfach dazu führen, daß die Steuerpflichtigen gemahnt werden müssen, und die dadurch verursachte Verzögerung wird alsdann zur Folge haben, daß die Steuer teilweise überhaupt nicht mehr beitreibbar ist. Wie wir oben gesehen hatten, ist bei der indirekten Steuer, wenigstens für Gemeinden, auf Ausfälle immer zu rechnen. Diese müssen aber den Erhebungskosten hinzugerechnet werden.

Bei der direkten Steuer können dagegen besondere Einziehungskosten überhaupt nicht entstehen, da sie gleichzeitig mit der Grundsteuer nicht nur veranlagt, sondern natürlich auch eingezogen wird. Infolge der realen Natur der Grundsteuer ist ihre Einziehung von einem Wechsel des Eigentümers unabhängig, und ist daher eine Vermehrung der Erhebungskosten durch Ausfälle völlig ausgeschlossen.

V. a) Soll die Wertzuwachssteuer eine Reichs-, eine Staats- oder eine Kommunalsteuer sein?

Für die Frage, ob die Wertzuwachssteuer am besten eine Reichssteuer, eine Staatssteuer oder eine Gemeindesteuer sein soll, oder ob etwa zwei oder jeder dieser Verbände die Steuer für sich in Anspruch nehmen darf, oder endlich, ob die zwei oder drei konkurrierenden Verbände sich in die Erträge der von einem von ihnen zu erhebenden Steuer teilen sollen, können verschiedene Gesichtspunkte maßgebend sein. Einmal — und das ist der wichtigste dieser Gesichtspunkte — kommt die steuertheoretische Natur der Steuer, der ihr innewohnende Grundgedanke in Betracht, zweitens die größere oder geringere Finanznot der einzelnen Verbände, das heißt die Unmöglichkeit, ein Etatsdefizit durch andere Steuern zu decken, und endlich die geschichtliche Entwicklung des Steuersystems der drei Verbände unter Berücksichtigung ihrer allgemeinen staatsrechtlichen Funktion und Organisation.

In den bisherigen Erörterungen der Frage, wer der eigentlich innerlich berechtigte Steuergläubiger sei, ist fast ausschließlich nur der erste dieser drei Gesichtspunkte berücksichtigt worden. Und zwar zeigt sich die auffallende Erscheinung, daß der Wertzuwachssteuer hier von allen Seiten, auch von solchen, die sonst eine andere Auffassung von ihrer Natur vertreten, derselbe Grundgedanke — und zwar der richtige — als selbstverständlich unterstellt wird. Hier stützt man allgemein die Begründung der Steuer lediglich auf das Interessenprinzip. Selbst Wagner, der, wie wir sahen, die Steuer sonst konsequent als eine sozialpolitisch gerechtfertigte Vorbelastung des mühelosen Konjunkturgewinnes behandelt wissen will, spricht es an anderer Stelle aus, daß die Besteuerung des Konjunkturgewinnes mit dem Prinzip von Leistung und Gegenleistung unterstützt werden könne — auch für die Staatsbesteuerung.

Auch die Begründung zum Reichsgesetzentwurf sagt kurz und klar: „Die Zuwachssteuer gebührt ihrem Grundgedanken nach der Gemeinschaft, von der die werterhöhenden Maßnahmen ausgegangen sind. Das sind neben dem Reiche und dem Staate in hervorragendem Maße die Gemeinden und Gemeindeverbände, und ferner: „Für das Maß der Beteiligung ist zu berücksichtigen, daß, abgesehen von dem Einfluß der Bevölkerungszunahme, die Weitsteigerung wenigstens zum wesentlichen Teile unmittelbar auf die Maßnahmen der Gemeinden zurückzuführen ist, und daß ihnen durch die reichsrechtliche Regelung die Verfügung über eine Einnahmequelle entzogen wird, die von ihnen im überwiegenden Teile des Reiches bislang in vollem Umfang genutzt worden ist oder doch eröffnet werden konnte[1])." Hier findet sich im letzten Satzteile zugleich die Andeutung einer gewissen Rücksichtnahme auf die geschichtliche Entwicklung. Weiter heißt es dann aber plötzlich „Unter diesen Umständen erscheint ein Anteil von 40 vom Hundert des Ertrages für die Gemeinden angemessen;" ohne daß der Versuch gemacht wird, näher zu untersuchen, weshalb gerade dieser Prozentsatz als der richtige erscheint und nicht etwa 80 Prozent.

Die Bodenreformer und ihnen nahestehende Autoren, insbesondere Boldt, der überhaupt viel von ihrer Art der Beweisführung hat, aber auch kein geringerer als Adolf Wagner verallgemeinern den der Interessentheorie zugrunde liegenden Gedanken in unzulässiger Weise und umkleiden ihn mit Beiwerk, dem die Natur finanzwissenschaftlicher oder steuerpolitischer Erwägungen völlig abgeht[2]). Man vergleiche z. B. Boldt im „Tag" vom 19. August 1910: „In dem ruhmreichen Kriege, welcher die Gründung des Reiches zur Folge hatte, haben die Bewohner des platten Landes, der kleinen Städte und Mittelstädte mindestens dieselben Opfer an Blut für das Vaterland gebracht wie die Bewohner der großen Städte, und sie bringen heute für die Erhaltung unserer Wehrkraft im allgemeinen höhere persönliche Opfer als die Bewohner der großen Städte ... Welche finanziellen Vorteile haben aber die Bewohner des platten Landes ... von den Opfern, welche sie im Kriege ... gebracht haben, im Vergleich zu den

---

[1]) Vgl. Begründung S 24, 26 und 27

[2]) Es erscheint kaum verständlich, daß es der Scharfe und Klarheit eines Adolf Wagner entgehen kann, daß seine Begrundung der Wertzuwachssteuer als eine Besteuerung des Konjunkturgewinnes, der wegen der Muhelosigkeit seiner Erzielung eine größere Leistungsfähigkeit offenbart, ganzlich unvereinbar ist mit einer Inanspruchnahme dieser Steuer für das Reich aus dem Grunde, weil der Wertzuwachs durch die Arbeit der Bevolkerung des ganzen Reiches geschaffen sei. Vgl. die Referate von Wagner, Oberburgermeister von Wagner und Geheimrat Freund im Jahrbuch der Bodenreform, Jahrg 4, S 81 ff. und Damaschke, Kampf, S 11

Riesengewinnen, welche die großstädtischen Millionenbauern und Terraingesellschaften durch die Reichsgründung und den Schutz des Reiches infolge der hierdurch bewirkten Entwicklung der großen Städte erzielen! ... Die Verbindung der Reichswertzuwachssteuer mit der Veteranenversorgung hat eine tiefe, innere Berechtigung, da die großstädtischen Millionenbauern und Terrainspekulanten, welche die Hauptträger der Reichszuwachssteuer sein werden, ihre großen Gewinne in erster Linie der Gründung des Deutschen Reiches verdanken, welche die alten Kriegsveteranen auf den Schlachtfeldern erkämpft haben[1])."

Verfasser ist nun der letzte, der nicht die Heldentaten im Einigungskriege mit Stolz und Freude anerkennt. Aber alles an seinem Platze! Und für die Frage nach einer neuen Steuerquelle für jämmerliche 5—7 Millionen[2]), die nach dem Gesetzentwurf für das Reich zu erwarten sind, sollte man es schlechterdings verschmähen, auf das Blut der Schlachtfelder und überhaupt auf den großen Krieg hinzuweisen, der zwar zwei bis drei Milliarden gekostet, aber das Reich nicht nur nicht belastet, sondern noch mit einer ganz ansehnlichen, leider bald verschwundenen Mitgift ausgestattet hat. Die hiermit berührte Seite der Frage wird meist ganz übersehen. Die Interessentheorie beruht aber doch auf dem Gedanken, daß die Steuer eine Bezahlung der Vorteile sein soll, die aus Aufwendungen der als Steuergläubiger auftretenden Gemeinschaft entstanden sind. Sie verliert daher im wesentlichen ihre Anwendbarkeit, wenn solche Aufwendungen fehlen, und das ist hinsichtlich des Reiches insofern der Fall, als auf seine Entstehung durch den Krieg von 1870 hingewiesen wird. Denn wenn man einmal genauer zusieht, so läßt sich doch nicht übersehen, daß dieser Krieg gar nicht vom Deutschen Reiche, sondern von den Bundestaaten oder doch vom Norddeutschen Bund und den süddeutschen Staaten gewagt und gewonnen wurde. Sie hatten das Risiko und die Kosten. Weshalb soll das Reich nun Früchte ernten, die von den Bundesstaaten gesät wurden? Daß diese Früchte später weiter wuchsen, kann jedenfalls keine Ausnahmestellung nur für die Grundwertsteigerungen begründen. Denn unter dem Schutze des Reiches wachsen auch die Früchte auf dem Gebiete von Handel und Industrie, kurz auf

---

[1]) Vgl. Boldt, 3 Aufl., S. 144

[2]) Vgl Dr Weber, Referat, S 17—18

allen Gebieten, für deren Entwicklung der Bestand des Reiches Voraussetzung war. Aber der Umstand, daß das Reich die Voraussetzung für jene Entwicklung und jene Wertsteigerungen war, kann keineswegs eine genügende Rechtfertigung der Reichsbesteuerung dieser Werte darstellen. Mit demselben Rechte würde dann lediglich mit dem Vorhandensein des Staates und mit dem Vorhandensein der Gemeinden deren Besteuerungsrecht begründet werden können, denn die Behauptung, daß ohne deren Bestehen diese Werte nicht entstanden und vorhanden wären, würde nicht nur nicht zu widerlegen, sondern offenbar richtig sein. Es muß eben noch ein Mehr hinzukommen, das heißt, es muß durch besondere Ausgaben verursachende Tätigkeiten des betreffenden Verbandes eine wenn auch nicht ganz zahlenmäßig nachweisbare, so doch in Geldwert schätzbare Beziehung zwischen dem Vorteil, der Wertsteigerung und den Aufwendungen geschaffen sein. Wenigstens für diejenigen Steuern, die auf der Interessentheorie beruhen. Mit dem Hinweis auf diejenigen Aufwendungen oder — soweit Aufwendungen nicht entstehen — auch auf diejenigen Tätigkeiten und Wirkungen des Bestehens des Staates, deren Einfluß auf die Einzelwirtschaften einzeln nicht kontrollierbar, sondern nur als vorhanden anzunehmen ist, kann nur die Bedarfsdeckung nach dem Prinzip der Leistungsfahigkeit begründet werden. So ist es z. B. nie in Zweifel gezogen worden, daß die den Aufwendungen des Reiches für die Friedensbewahrung nach außen und innen gegenüberstehenden Vorteile für Leben und Vermögen des einzelnen einen viel zu losen Zusammenhang mit diesen Aufwendungen haben, um eine Bedarfsdeckung nach dem Interesse zu rechtfertigen. Anders läge es, wenn das Reich — auch abgesehen von der Tatsache seines Bestehens — dauernd Aufwendungen machte, von denen der Grundbesitz besondere, deutlich feststellbare Vorteile hätte. Man braucht aber nur den Reichshaushaltsetat zu überblicken, um sich zu überzeugen, daß derartige Kosten in dem Aufgabenkreise des Reiches nicht oder so gut wie nicht entstehen[1]). Damit aber entfällt die Möglichkeit, eine Reichswertzuwachssteuer aus ihrem Grundgedanken heraus zu rechtfertigen.

[1]) Vgl. die trefflichen Ausfuhrungen von Strutz, S. 38—39.

Mit dieser Ablehnung der Wertzuwachssteuer als Reichssteuer soll nun andererseits nicht gesagt sein, daß das Reich nie und nirgends Aufwendungen mache, aus denen sich Grundwertssteigerungen ergeben. Es liegt auf der Hand, daß Kanalbauten, die Anlage von Kriegshäfen oder die Niederlegung von Festungswerken in den benachbarten Gebietsteilen zu sehr großem Wertzuwachs Anlaß geben können. Aber dies werden dann auch immer Aufwendungen sein, die wegen ihrer örtlich beschränkten Wirkung eine so zahlenmäßige Abgeltung gestatten, daß die Betterment-Abgabe, Beiträge im Sinne des Kommunalabgabengesetzes möglich und richtig erscheinen. Richtig deshalb, weil es eine für die Deckung des Bedarfes allgemein gültige Forderung ist, möglichst große Teile davon durch spezielle preisähnliche Entgelte aufzubringen, so daß ein möglichst geringer Steuerbedarf verbleibt. Die Möglichkeit eines zu diesem Zwecke erforderlichen Reichsgesetzes „betreffend die Erhebung von Beiträgen zu den Kosten von Reichseinrichtungen, die einen Wertzuwachs am Grundbesitz zur Folge haben" kann weder theoretisch[1]) noch nach der Seite der praktischen Durchführbarkeit zweifelhaft sein. Damaschke (Kampf, S. 20) will die Gemeinden auf diesen Weg verweisen. Glaubt er aber, daß sich damit die Wertzuwachssteuer für die Gemeinden ersetzen läßt? Weshalb ist sie denn bisher neben den Beiträgen notwendig gewesen und auch von den Bodenreformern so energisch gefordert worden? Weil eben unter den Aufwendungen der Gemeinden — neben den durch Beiträge zu deckenden — noch viele vorhanden sind, bei denen der Zusammenhang zwischen Vorteil und Aufwendung nicht greifbar genug ist, um einen Beitrag gerecht erscheinen zu lassen, aber andererseits doch zu deutlich, um zu einer Besteuerung nach der Leistungsfähigkeit führen zu müssen. Das Reich dagegen schafft wohl — zuweilen — solche vereinzelten Einrichtungen, die einzelnen benachbarten Gebieten zugute kommt, aber — wie der Etat ausweist — keine, die mit Steuern nach der Interessentheorie gedeckt werden könnten.

Wir haben sodann weiter zu fragen, ob das Reich die Wertzuwachssteuer etwas deshalb in Anspruch nehmen darf oder

---

[1]) Eine Änderung des Artikels 70 der Reichsverfassung dürfte nicht erforderlich sein. Vgl. auch Deutsche Volksstimme (Bodenreform) vom 20. April 1903, S. 224

muß, weil es andere Einnahmequellen zur Deckung des Fehlbetrages in seinem Ordinarium sich nicht erschließen kann. In dieser Beziehung ist zunächst auf die eben erwähnte Möglichkeit der Erhebung von Reichsbeiträgen hinzuweisen. Hier sei nur ergänzend hinzugefügt, daß im Falle der Verwirklichung solcher Reichseinnahmen derjenige Wertzuwachs, der durch sie entgolten werden soll, der Besteuerung durch Gemeinden und Bundesstaaten — zwecks Vermeidung der Doppelbesteuerung — entzogen werden muß; am einfachsten dadurch, daß der Betrag des Beitrages an das Reich von der Gemeindewertzuwachssteuer abgezogen wird.

Welche Ertrage sind aus solchen Reichsbeiträgen zu erwarten? In Zahlen läßt sich die Antwort nicht geben, weil nicht zu übersehen ist, welche Einrichtungen jener Art das Reich künftig schaffen wird. Aber es genügt der Rückblick auf die zahlreichen und großen Einrichtungen, die das Reich bereits geschaffen hat, und deren Kosten zum Teil noch jetzt in unserer Reichsschuld liegen, verzinst und getilgt werden müssen, um sagen zu können, daß erhebliche Einnahmen mit derartigen Beiträgen erzielt werden könnten. Es muß durchaus angängig erscheinen, den größten Teil der Kosten solcher Einrichtungen durch Beiträge innerhalb der Grenze der Werterhöhung zu decken, und es ist auch keineswegs ausgeschlossen, für einen Teil der früher aufgewandten Kosten noch nachträglich solche Beiträge einzufordern, freilich nur in — auch zeitlich — beschränktem Umfange. Denn den entgeltlichen Besitzveränderungen der Zwischenzeit, bei denen für die Preisfestsetzung mit derartigen Beiträgen nicht gerechnet werden konnte, müßte Rechnung getragen werden.

Auch von dieser Möglichkeit neuer Reichseinnahmen abgesehen, ist es unbedenklich anzunehmen, das Reich werde genügend andere Steuerquellen finden und sich erschließen können, um einen jährlichen Ertrag von 25 Millionen aufzubringen. Denn mit dem Hinweis, daß dieser Erfolg sich doch tatsächlich nicht habe erreichen lassen, kann angesichts der lediglich parteipolitischen Natur der Ursachen hierfür nichts bewiesen werden. Und will man bei den möglichen Steuern, die hier in Frage kommen können, die Erbschafts- und die Erbanfallsteuer doch ausscheiden, weit sie zurzeit leider keine Aussicht haben, so bleibt doch z. B. der Weg einer Verteilung der 25 Millionen auf mehrere der neueingeführten Steuern übrig. Die dadurch verursachte Erneuerung der Abwälzungskämpfe müßte dann mit in Kauf genommen werden. Endlich ist auf die Möglichkeit neuer, bisher noch nicht praktisch gewordener Steuern und auf eine Erhöhung der Einnahmen aus den privatwirtschaftlichen Betrieben sowohl der Vollständigkeit halber als auch deshalb hinzuweisen, weil das Reich — im Gegensatz zu Bundesstaaten und Gemeinden — durch keinen übergeordneten Verband in der Berechtigung, sich neue Einnahmequellen zu erschließen, beschränkt ist. Dabei würde aber, soweit es sich um Steuern handelt, die historisch und politisch begründete Teilung der drei konkurrierenden Verbände in die überhaupt möglichen Steuerquellen und Steuerarten mehr zu respektieren sein, als es bei dem Versuch, den Gemeinden die Wertzuwachssteuer fortzunehmen, geschehen ist.

Hiermit ist bereits der dritte Gesichtspunkt angeschnitten, der bei der Frage der Berechtigung der Wertzuwachssteuer als Reichssteuer in Betracht kommt. Er soll allerdings hier nur angedeutet werden; denn er führt über das steuertheoretische Gebiet hinaus in staatsrechtliche und allgemein politische Fragen. Es handelt sich um folgendes: Der Aufgabenkreis, der dem Reiche zugefallen ist, erklart sich teils aus dem geschichtlichen Werdegang seiner Entstehung, teils aus der Natur des Bundesstaates. Die gleichen Faktoren haben die Natur seiner Einnahmen bestimmt. Wie die Hauptaufgabe des Reiches die Friedensbewahrung nach außen und damit die Ausgaben für Heer und Flotte sind, und wie dem fur alle Reichsangehorigen gleichen Interesse an der Erhaltung des Friedens auch ein für alle gleiches Wahlrecht entspricht, so bringen auch mit Recht die Steuereinnahmen den Grundsatz der Allgemeinheit der Belastung im weitesten Umfange zur Geltung. Das beste Mittel zur Verwirklichung der Besteuerung nach der Allgemeinheit sind, wie anerkannt ist, die indirekten Verbrauchssteuern und Zolle. Die Verkehrssteuern und die sonstigen Reichssteuern sind als Ausnahmen, „Kinder finanzieller Not" zu betrachten und bedürfen im Einzelfall einer besonderen Rechtfertigung, die sich aber für die Reichszuwachssteuer bisher nicht hat finden lassen

Damit entfallt auch von diesem Gesichtspunkte aus die Berechtigung der Wertzuwachssteuer als Reichssteuer

Die Beantwortung der Frage, ob die Wertzuwachssteuer eine geeignete Staatssteuer ist, kann im wesentlichen unter Bezugnahme auf das eben Gesagte erfolgen. Zunächst: Gebührt die Wertzuwachssteuer dem Staat, weil vorzugsweise von ihm die werterhöhenden Maßnahmen ausgegangen sind? Der Hinweis auf den Krieg von 1870 wäre hier insofern berechtigter als bei der Verteidigung einer Reichssteuer, weil die Bundesstaaten den Krieg wenigstens unternommen und gewonnen haben. Aber einmal haben sie die Kosten in Form der Kriegsentschädigung wiederbekommen, und außerdem sind, wie oben bereits festgestellt worden ist, die Beziehungen zwischen den Aufwendungen für Kriege und den Vorteilen des Grundbesitzes durch sie — bei aller Zweifellosigkeit ihres Vorhandenseins — viel zu entfernte und undeutliche, um eine Besteuerung nach dem Interesse als gerechtfertigt erscheinen zu lassen. In Ansehung der sonstigen Ausgaben des Staates tritt zwar im Vergleich zum Reich schon zu Tage, daß der Staat in etwas höherem Maße als das Reich ein wirtschaftlicher Verband ist. Aber doch auch noch in sehr geringem Maße. Ein Blick auf den Etat zeigt, daß auch hier die Aufwendungen für die Friedensbewahrung — und zwar nach innen (Justizverwaltung, Allgemeine Landesverwaltung, Polizei usw.) — die hauptsächlichsten sind, und daß von den auf dem Etat des Ministeriums für Landwirtschaft, Domänen und Forsten sich findenden Ausgaben im Interesse des Grundbesitzes fast ausschließlich der landwirtschaftliche Grundbesitz betroffen wird. Und auch hier wird weniger der Grund und Boden als solcher im Wert erhöht, als vielmehr der landwirtschaftliche Betrieb gefördert und gehoben.

Es ist eine nähere Untersuchung hierüber übrigens schon deshalb entbehrlich, weil es seit der Miquelschen Steuerreform von der Staatsregierung und auch in der Wissenschaft allseitig anerkannt ist, daß Steuereinnahmen, die mit besonderen Vorteilen des Grundbesitzes oder auch des Gewerbebetriebes begründet werden, wegen der Art der Aufgabenteilung zwischen Staat und Gemeinden nicht dem ersteren, sondern den letzteren zufallen müssen, und es sind bekanntlich aus diesem Grunde die früher staatlichen Ertragssteuern dem Staate gegenüber außer Hebung gesetzt. Dabei würde für die Ertragssteuern, d. h. für die Besteuerung des laufenden Ertrages die staatliche Besteuerung noch gerechtfertigter sein als die Besteuerung des Wertzuwachses. Denn der laufenden Rentabilität des Grund und Bodens und ihrer Steigerung durch verbesserte Bewirtschaftung kommen auch wohl mannigfache kleinere Aufwendungen des Staates zugute. Die eigentlichen von dieser laufenden Rentabilität zunächst unabhängigen Wertsteigerungen des Grund und Bodens selbst werden nur ganz ausnahmsweise durch Staatseinrichtungen geschaffen, etwa durch die Anlegung von Bahnhöfen oder Haltestellen oder durch den Bau neuer Eisenbahnen. Es soll daher auch nicht behauptet werden, daß der Wertzuwachs vom Staate gar nicht besteuert werden dürfe. Aber in erster Linie würde der Staat ebenso wie das Reich zur Deckung der Ausgaben solcher vereinzelt vorkommenden und regelmäßig nur ein beschränktes wirtschaftliches Gebiet beeinflussenden Einrichtungen auf Beiträge zu verweisen sein. Hinsichtlich der Eisenbahnen wäre aber noch zu erwägen, inwieweit das gesamte Staatsbahnsystem als ein einheitliches Ganzes anzusehen sei, und wieweit alsdann bei einem derartigen Überschußbetrieb auch der Bau einer zurzeit nicht voll rentablen Strecke unter dem Gesichtspunkte einer Verbesserung des ganzen Systems betrachtet werden müßte. Dann würden die Baukosten aus den Betriebüberschüssen zu bestreiten sein und daher als den Etat belastende Ausgaben nicht in Betracht kommen können, also weder Beiträge noch eine Zuwachssteuer rechtfertigen. Auch hier ist mit Strutz (S. 42/43) darauf hinzuweisen, daß die richtig verstandene Interessentheorie die Voraussetzung hat, daß eine Aufwendung, für die eine Steuerleistung gefordert wird, auch im Interesse des mit der Steuer in Anspruch Genommenen erfolgt sein muß.

Sodann gilt hier noch ein weiteres Bedenken, das freilich noch größere Bedeutung für das Reich hat, nämlich der Umstand, daß das Gebiet, für das die Steuer eingeführt werden müßte, räumlich viel zu groß und wirtschaftlich viel zu verschieden ist, um einer einheitlichen Steuer mit überall gleichhohen Steuersätzen unterworfen werden zu können. Wenn z. B. das Reich durch einen Kanalbau im Interesse der Landesverteidigung in einer bis dahin ganz ländlichen Gegend mit niedrigen Steuern insbesondere ohne Umsatzsteuer große Werterhöhungen verursacht, so daß an jener Stelle eine Reichszuwachssteuer in Höhe von vielleicht 25 % des Wertzuwachses als gerechtfertigt erscheinen könnte, so müßte derselbe Satz auf ein Grundstück Anwendung finden, das zur gleichen Zeit eine prozentual ebenso hohe Wertsteigerung dadurch erfahren hat, daß der Staat an einer Bahn eine neue Haltestelle angelegt hat, und ferner auf ein drittes Grundstück, das zu ebenfalls derselben Zeit ebenso stark im Werte stieg, weil die Gemeinde X. den Beschluß gefaßt hat, die Stadterweiterung durch Anlage einer Gartenstadt nach einer bestimmten Richtung hinzuleiten, oder weil sie die städtische Straßenbahn bis zu einem Nachbarort fortgeführt hat. In den Fällen der beiden letzten Grundstücke würde eine Reichssteuer durchaus unbegründet und der gleich hohe Steuersatz auch noch deshalb ungerecht sein, weil in der Gemeinde X. vielleicht eine hohe Umsatzsteuer besteht, auch besonders hohe Straßenherstellungskosten, die Grundstückshandel und Bebauung erschweren, zu zahlen sind.

Ähnliche große Ungleichheiten würden sich fortwährend ergeben. Dabei ist noch angenommen, daß die im Reichsgesetz notwendige Einheitlichkeit der Vorschriften z. B. für die Ermittelung des Wertzuwachses oder hinsichtlich der Rückwirkung zu Ergebnissen führt, die trotz der Verschiedenartigkeit der örtlichen Verhältnisse als gleichmäßig gerechte betrachtet werden können. Das ist natürlich keineswegs der Fall. Was z. B. die Rückwirkung anlangt, so ist es klar, daß ihre im Reichsgesetzentwurf vorgesehene Länge diejenigen Gebietsteile stärker belastet, in denen der Grundbesitz wenig merkantilisiert ist, in denen er also lange in derselben Hand bleibt. Dies wird durchschnittlich auf dem Lande weit mehr der Fall sein als in größeren und großen Städten. Aber die Wirkung ist auch nach Osten und Westen und nach rein lokalen Verhältnissen verschieden. Je lebhafter nun in einer Gegend der Grundstückshandel war, umsoweniger drückend ist dort eine lange Rückwirkung, wenigstens in Ansehung der Gesamtheit der Grundstücke[1]). Ein gewisser Trost für diese Ungleichheit würde vielleicht darin liegen, daß durch die längere Rückwirkung das platte Land, das sonst vielfach begünstigt ist, stärker belastet wird.

Ähnliche Ungleichheiten und Ungerechtigkeiten müssen durch eine staatliche Zuwachssteuer entstehen. Es ist kaum noch mit

[1]) Gleichzeitig wird aber in solchen Gemeinden die Ungleichheit von einem Grundstück zum andern unter Umständen entsprechend größer (vgl. oben S. 111).

einem „Nichteinsehenkonnen" zu erklaren, wenn von bodenreformerischer Seite nach wie vor behauptet werden sollte, die aus den lokalen Verschiedenheiten zu erwartenden Schwierigkeiten einer Reichszuwachssteuer seien nur gering.

Ist nun eine staatliche Zuwachssteuer etwa gerechtfertigt aus der Not der Staatsfinanzen heraus? Zunächst hat der Staat Preußen die Wertzuwachssteuer nie als Einnahmequelle für sich in Anspruch genommen. Auch die 10 % des Ertrages der Reichssteuer fordert er nur als Entschädigung für die Veranlagungs- und Erhebungskosten. Im übrigen muß der Hinweis genügen. daß die der Regierung zur Zeit fehlenden ordentlichen Steuereinnahmen bekanntlich durch eine Reform der direkten Steuern herbeigeschafft werden sollen. Auch ist zu berücksichtigen, daß der Staat in der Lage ist, eine andere Verteilung der Steuerquellen zwischen sich und den Gemeinden vorzunehmen, etwa in der Weise, daß er die Hochsthohe der zulässigen Zuschlage zur Staatseinkommensteuer herabsetzt. Jedenfalls muß es richtiger erscheinen, daß er sich die Besteuerung nach der Leistungsfähigkeit, wenn es Not tut. noch vollständiger vorbehält wie bisher, als daß er in das Gebiet der Interessenbesteuerung einbricht.

Ein solcher Einbruch würde auch der Entwickelung der staatsrechtlichen Beziehungen zwischen Staat und Gemeinden und der Natur des ihm im Laufe dieser Entwickelung gebliebenen Aufgabenkreises nicht entsprechen. Auch das auf die gesamte wirtschaftliche Leistungsfahigkeit und die ihr entsprechenden Steuerleistungen aufgebaute Wahlrecht fordert — als historisch gewordene und zurzeit noch bestehende Einrichtung betrachtet — eine Besteuerung nach der Leistungsfahigkeit. Dagegen würde die nur eine einzelne Ertragsquelle vorzugsweise belastende Wertzuwachssteuer mit dem nach dem Gesamtbesitz abgestuften Dreiklassenwahlrecht nicht harmonieren.

Die nunmehr verbleibende Frage, ob die Wertzuwachssteuer eine geeignete Gemeindesteuer ist, beantwortet sich schon aus ihrer Ablehnung als Reichs- und als Staatssteuer. Aber es liegt auf der Hand, daß ihre Berechtigung — auch positiv — mit denselben Gründen nachgewiesen werden kann. die gegen die Reichs- und Staatssteuer sprechen. Denn die Gemeinden sind es, die durch ihre Einrichtungen vorzugsweise den Wert des Grund

und Bodens zielbewußt erhohen. Diese Tatsache soll hier nicht nochmals mit Beispielen belegt werden, denn ihre Richtigkeit ist mit großer Ausführlichkeit schon in den Beratungen bei Überweisung der Realsteuern an die Gemeinden anerkannt worden.

Wie steht es nun für die Gemeinden mit der Möglichkeit, sich andere neue Einnahmequellen zu erschließen? Solche Steuern sind nicht zu finden. Das ergibt sich in — wie ich meine — unanfechtbarer Weise daraus, daß die Gemeinden trotz aller durch jahrelange Finanznot geschärften Findigkeit keine neue Steuer, die reichs- und landesgesetzlich zulässig, praktisch durchführbar und ertragreich ist, gefunden haben. Daß die Gemeinden aber neuer Einnahmequellen bedürfen, zeigt ein Blick auf die in den letzten Jahren überall teilweise sehr erheblich gestiegenen Zuschläge. Es haben eben den zahlreichen den Gemeinden neu zugefallenen Ausgaben keinerlei neue Einnahmen entsprochen. Dieses Mißverhältnis hat eine deutliche Beleuchtung in zahlreichen Referaten auf preußischen Städtetagen und insbesondere auch in der Denkschrift gegen die Reichszuwachssteuer, die der Vorstand des Deutschen Städtetages an den Reichstag gerichtet hat, erfahren [1]).

Demgegenüber macht es einen etwas sonderbaren Eindruck, wenn Damaschke (Kampf S. 20) behauptet, eine Reichszuwachssteuer würde von der Mehrzahl der tüchtigen (sic!) Bürgermeister und Gemeindevertreter mit Freude begrüßt werden; mit der Reichszuwachssteuer sei eben der Kampf gegen die mächtigen städtischen Grundbesitzerkreise entschieden. Vorher heißt es: „Wir zählen im deutschen Reiche rund 56 000 Gemeinden ...; von diesen haben ... ganze 470 die Steuer eingeführt! ... Mit einem Schlage hätten also über 55 500 Gemeinden eine neue reiche Einnahmequelle, die die Zuschläge zur kommunalen Gewerbe- und Einkommensteuer ermäßigen oder zur Aufbesserung der Gehälter ... verwandt werden könnte. Daß von 100 Gemeinden bisher noch noch nicht eine die kommunale Zuwachssteuer angenommen hat, ist zum guten Teil in den Machtverhältnissen auf unseren Rathäusern begründet.“ Es ist schwer, derartiges ernst zu nehmen.

[1]) Sembritzki, Ostpreußischer Stadtetag 1908, Weber, Hannoverscher Stadtetag 1908 und 1910, Glücksmann, Brandenburgischer Stadtetag 1909 u a — Denkschrift abgedruckt in den Mitteilungen der Zentralstelle des deutschen Stadtetages vom 21 Juli 1909

Aber sicher ist, daß von den 56 000 Gemeinden erst einmal reichlich 50 000 abgezogen werden müssen, für die eine Wertzuwachssteuer einstweilen überhaupt nicht paßt. Von den verbleibenden 5 bis 6000 Gemeinden haben innerhalb von 5 Jahren fast 500, also fast 10 % die Steuer eingeführt! Wie in den übrigen 50 000 Gemeinden der Anteil an der Reichszuwachssteuer reichen Ertrag liefern soll, wird nicht näher erläutert.

Die Betterment-Abgabe, die Damaschke den Gemeinden empfiehlt, und die, wie wir sahen, für Reich und Staat viel geeigneter ist, kann den Gemeinden zweifellos nicht annähernd die Aufwendungen ersetzen, die vorzugsweise im Interesse des Grundbesitzes gemacht werden.

Endlich spricht auch die geschichtliche Entwickelung und die staatsrechtliche Funktion und Organisation der Gemeinden ihnen die Wertzuwachssteuer zu. Denn der bei richtiger Betrachtung unverkennbare realsteuerartige Charakter der Wertzuwachssteuer stellt sie den besten Gemeindesteuern, den Realsteuern, zur Seite. Die Gemeinde ist vorzugsweise ein wirtschaftlicher Verband; der Verfolgung ihrer wirtschaftlichen Ziele entspricht als Einnahme am besten die Form des privatwirtschaftlichen Entgeltes und, soweit damit der Bedarf nicht gedeckt werden kann, Einnahmen, denen das entgeltliche Moment möglichst deutlich innewohnt, entsprechend der Deutlichkeit der Beziehungen zwischen den Aufwendungen der Gemeinde und den Vorteilen des Grundbesitzes. Die möglichst vollständige Bezahlung gerade dieser Vorteile durch besondere Steuerleistungen erscheint auch um deswillen gerechtfertigt, weil dem Grundbesitz durch das Hausbesitzerprivileg für die kommunalen Wahlen bekanntlich eine bevorzugte Stellung eingeräumt ist.

Wenn nach dem Gesagten die Wertzuwachssteuer eine reine Gemeindesteuer — ohne Mitbeteiligung von Reich und Staat — sein muß, wenn in Anbetracht der zahlreichen aus sachverständigem und unparteiischem Munde [1]) geäußerten schweren Bedenken gegen die Reichszuwachssteuer vielleicht zu hoffen ist, daß der Reichstag noch ein Einsehen haben und dem ganzen Lande eine solche Steuer ersparen werde, so soll hier doch noch — für den Fall der Einführung dieser Reichssteuer — eine Forderung auf-

[1]) Z. B. Strutz und Weber, Referat

gestellt werden. Sie betrifft die Art der Mitbeteiligung der Gemeinden. Die Begründung des Reichsgesetzentwurfs sagt darüber auf S. 25 und 26 folgendes:

„Die Frage, ob den Gemeindeinteressen mit zwangsweiser oder freiwilliger Beteiligung mehr gedient ist, kann verschieden beantwortet werden. Die Denkschrift, betreffend die reichsgesetzliche Einführung einer Wertzuwachssteuer für Immobilien (Verhandlungen des Reichstages, XII. Legislaturperiode, I. Session 1907/09, Anlagen Bd. 256, Nr. 1456, S. 22), glaubte sich noch für völlige Bewegungsfreiheit der Gemeinden aussprechen zu sollen. Dabei war offen gelassen, ob die reichsgesetzliche Regelung zweckmäßig auf den Anteil des Reichs an der Zuwachssteuer zu beschränken, oder ob sie auf den den Gemeinden belassenen Anteil zu erstrecken und ihnen zu gestatten sei, die Vorschriften des Reichsgesetzes für ihren Anteil durch anderweite Bestimmungen abzuändern oder ganz außer Geltung zu setzen. Inzwischen ist es zahlreichen Gemeinden und Gemeindeverbänden im wesentlichen wohl im Hinblick auf die bevorstehende reichsgesetzliche Regelung gelungen, diese Steuerquelle ihren Finanzen nutzbar zu machen, und die gesetzgebenden Korperschaften in Bayern und Baden stehen im Begriffe, für die Gemeinden allgemein oder unter bestimmten Voraussetzungen einen gesetzlichen Zwang zur Einführung dieser Abgabe vorzusehen. Sie werden dabei offensichtlich von der Überzeugung geleitet, daß die Widerstände stark genug sind, die Einführung der Zuwachssteuer auch da zu verhindern, wo nach Lage der örtlichen Verhältnisse das Interesse der Gemeinde die Eröffnung dieser Einnahmequelle erfordert. Ist aber, wie sich hiernach nicht bezweifeln läßt, weit über den Umfang hinaus, in dem die Zuwachssteuer zurzeit gilt, für die Gemeinden ein Bedürfnis nach Erhebung der Zuwachssteuer vorhanden, ohne daß ihm von diesen selbst Rechnung getragen werden kann, dann scheint es aus Rücksicht auf die Gemeinden geboten, ihnen bei der reichsrechtlichen Regelung die Steuerquelle im Wege reichsgesetzlicher Einführung zu eröffnen. Fraglich ist dabei, ob etwa die zwangsweise Einführung von dem örtlichen Bedürfnis abhängig gemacht werden, und ob den Gemeinden gestattet sein soll, die Vorschriften des Reichsgesetzes für ihren Anteil außer Kraft zu setzen oder abzuändern. Der Entwurf hält im allgemeinen keine dieser Einschränkungen für angezeigt. Die zwangsweise Einführung — wie im bayerischen Entwurfe — nur im Falle des örtlichen Bedürfnisses eintreten zu lassen, verbietet sich für eine reichsgesetzliche Regelung wegen der Unmöglichkeit, diese Voraussetzung fest zu umgrenzen und eine einheitliche Anwendung sicherzustellen. Die Zulässigkeit der Aufhebung der reichsgesetzlichen Vorschriften für den Gemeindeanteil würde die Fortdauer der bisherigen Interessenkämpfe innerhalb der Gemeinde zur Folge haben, indem von derselben Seite, von der bislang die Einführung der Zuwachssteuer verhindert worden ist, nunmehr deren Aufhebung betrieben werden würde. Demgegenüber fällt die Besorgnis nicht ins Gewicht, daß aus der zwangsweisen Geltung des Zuwachssteuergesetzes den Gemeinden, in denen ein nennenswerter Zuwachs überhaupt nicht eintritt, durch Schaffung der zur Erhebung erforderlichen Einrichtungen Auslagen erwachsen konnten, zu denen der ihnen verbleibende Anteil am Reinertrag in keinem Verhältnis steht. Eine solche Möglichkeit ist nur in den sehr seltenen Fällen vorhanden, in denen trotz geringer Wertsteigerung ein lebhafter Grundstückshandel besteht. Mit dem Ausschluß der Aufhebung der reichsgesetzlichen Vorschriften entfällt zugleich die Moglichkeit, deren Abänderung den Gemeinden zu überlassen, soweit sie zu einer Milderung der reichsgesetzlichen Vorschriften zu führen geeignet ist. Sonst würde das Verbot der Aufhebung dadurch umgangen werden können, daß im Wege der Änderung die Vorschriften einen Inhalt erhalten, der der Sache nach der Aufhebung gleichkommt, und soweit dies nicht gelänge, würde der Widerstand gegen die Zuwachssteuer leicht dazu führen. unter dem Vorwand der örtlichen Anpassung die Wirkung des Gesetzes und damit auch dessen Ertrag zum mindesten nach Möglichkeit abzuschwächen.“

Die zwangsweise Beteiligung ist also mit der Annahme begründet, die Gemeinden würden die Steuer wegen des Einflusses der Grundstücksinteressenten freiwillig nicht einführen können. Gesetzt, diese Annahme sei richtig — der Siegeslauf der Wertzuwachssteuer in den 3 Jahren 1908—1910 berechtigt zu Zweifeln daran —, so braucht daraus noch nicht die Folge gezogen zu werden, den Gemeinden müsse gerade ein Anteil an der Reichszuwachssteuer zugewiesen werden. Zwar ware es bedenklich, den Gemeinden ihre eigenen bisherigen indirekten Steuerordnungen zu belassen; denn die Veranlagung der Wertzuwachssteuer nach zwei verschiedenen Vorschriften kann nicht geeignet sein. die Überzeugung von ihrer Gerechtigkeit zu vertiefen. Aber es ist durchaus denkbar und teils im Interesse der steuerlichen Autonomie, teils im Interesse der Möglichkeit, den besonderen lokalen Verhältnissen Rechnung zu tragen, notwendig, daß etwa folgende Vorschrift in den § 49 des Entwurfes aufgenommen wird:

„Die Erhebung des Anteiles der Gemeinden kann unterbleiben, sofern ein diesem Anteile entsprechender Steuerertrag durch eine Wertzuwachs-Grundsteuer (direkte Wertzuwachssteuer) aufgebracht wird. Soweit in solchen Gemeinden die Veranlagung der Reichszuwachssteuer durch die Gemeindebehörden erfolgt, sind ihnen die dadurch tatsächlich entstandenen angemessen aufgewandten Kosten aus dem Anteil des Staates zu ersetzen."

Eine derartige Vorschrift würde das Bedenken des Entwurfes, daß die erwünschte Besteuerung des Wertzuwachses durch Interessenten verhindert werden würde, völlig beseitigen. Sie würde auch die Gemeinden vor Veranlagungskosten, von denen sie nichts haben, schützen, ohne dem Staat mehr zu nehmen, als tatsächlich Erhebungskosten — die er ja nur gedeckt haben will — entstehen. Die Gemeinden aber hätten den großen Vorteil, den gerechten Grundgedanken der Wertzuwachssteuer in seiner zweckmäßigsten Form verwirklichen und dabei zugleich den örtlichen Verhältnissen Rechnung tragen zu können. In letzterer Beziehung kommt insbesondere die Möglichkeit in Betracht, die Höhe der mannigfachen im Augenblick des Umsatzes zu zahlenden hohen Lasten zu vermindern; im Interesse des reellen Grundstückshandels und einer Erleichterung der Bautätigkeit — ein besonders deshalb wichtiges Ziel, weil die von der indirekten Wertzuwachssteuer immerhin zu befürchtende Verteuerung des Bodens eine dem entgegenwirkende Maßregel, eben die Belebung der Bautätigkeit, besonders wünschenswert erscheinen läßt.

Die Möglichkeit eines Verzichtes auf die 40 % des Ertrages der Reichssteuer wird auch deshalb zweckmäßig sein, weil die Reichszuwachssteuer — auch nach der Milderung durch die zweite Lesung — für viele Gemeinden zu hoch sein würde. Dies ist ganz natürlich, denn die Höhe der Steuersätze muß für die durchschnittlichen Verhältnisse passen, für die besonderen kann dann nur dadurch ein Ausgleich geschaffen werden, daß einerseits Zuschläge zur

Reichssteuer, andererseits der teilweise Ersatz der den Umsatz versteuernden Steuer durch die leichter zu tragende direkte Wertzuwachssteuer ermöglicht wird. Zu den Ausgaben, welche in einzelnen Gemeinden die Reichszuwachssteuer als zu hoch erscheinen lassen können, gehören neben den Gemeindeumsatzsteuern insbesondere die sehr verschieden hohen Straßenherstellungskosten und auch die Abweichungen in der Höhe der „üblichen" Vermittlungsprovision.

Es kommt noch hinzu, daß die nach dem Entwurf möglichen Verschärfungen der Reichszuwachssteuer durch die Gemeinden, insbesondere die Zuschläge vielfach als Doppelbesteuerung empfunden werden dürften, obwohl sie es natürlich ebenso wenig sind wie z. B. die Zuschläge der Gemeinden zur Staatseinkommensteuer. Eine Wertzuwachsgrundsteuer wird dagegen — schon wegen ihrer Form als Grundsteuer und wegen des zeitlichen Auseinanderfallens der Zahlungen — als Doppelbesteuerung nicht empfunden werden. Und es ist natürlich ebensowenig eine Doppelbesteuerung als etwa das Nebeneinander von Grund- und Einkommensteuer.

Daß der Reichsgesetzentwurf den Gemeinden die Möglichkeit der Einführung direkter Wertzuwachssteuern offen lassen will, geht sowohl aus der Fassung des § 57 wie aus der Begründung dazu klar hervor. Der § 57 betont, daß nur diejenigen Steuerordnungen, welche die Besteuerung des Zuwachses bei der Veräußerung von Grundstücken betreffen, außer Kraft treten, und die Begründung stellt fest, daß Bundesstaaten und Gemeinden nicht gehindert sein sollen, eine Einkommens- oder sonstige Steuer, die nicht an den Akt der Veräußerung des Grundstücks geknüpft ist, zu erheben, Immerhin scheint es sehr erwünscht, daß bei den weiteren Beratungen, sofern sie zur Einführung der Steuer führen, ausdrücklich festgestellt wird, daß mit den erwähnten sonstigen Steuern insbesondere die direkte Grundsteuer nach dem Wertzuwachs gemeint ist. Die Erwähnung einer Einkommensteuer nach dem Wertzuwachs ist nämlich zur Zeit mindestens von keiner praktischen Bedeutung, weil — wenigstens für Preußen — eine derartige besondere Steuer vom Einkommen unzulässig sein würde (§ 37 Komm.-Abgaben-Gesetzes).

b) Wie soll der Ertrag der Wertzuwachssteuer verwandt werden? Fondsbildung.

Die Frage nach der Bedeutung der Wertzuwachssteuer für den Gemeindehaushalt, und zwar sowohl die Frage nach der Etatisierung im Voranschlage wie nach dem Verwendungszweck und der Verwendungsweise, würde kaum einer Erörterung bedürfen, wenn nicht die Eigenart der Wertzuwachssteuererträge in der Praxis zu besonderen Maßnahmen geführt hätte.

Von der Schwierigkeit einer Veranschlagung des voraussichtlichen Ertrages der indirekten Zuwachssteuer haben wir bereits oben gesprochen. Die aus ihr sich ergebende Unsicherheit und Unzuverlässigkeit des Voranschlages ist die Ursache für besondere Verfahrensarten in der Verwendung des Steuerertrages gewesen. Sie hat insbesondere dazu geführt, den Wertzuwachssteuereinnahmen die Natur ordentlicher Steuereinnahmen im Gemeindehaushalt in mehr oder weniger deutlicher Form zu nehmen, sie gewissermaßen aus dem ordentlichen Etat in den außerordentlichen zu verweisen. Am haufigsten geschah dies auf dem Wege der Fondsbildung, zum Teil aber auch ohne Fondsbildung durch die Verwendung zu außerordentlicher Schuldentilgung oder zu sonstigen außerordentlichen Ausgaben. Fonds, denen die Steuererträge am häufigsten überwiesen werden, sind der Grundstückserwerbsfonds und verschiedene Baufonds, insbesondere Schulbaufonds; vereinzelt finden sich auch andere Zwecke, z. B. für Straßenpflasterung oder sonstige Straßenverbesserungen, Volksbildungsfonds, Fonds für Fortbildungsschulen, für Krankenhausbauten, ja auch für Gewerbe, Kunst und Wissenschaft. Endlich findet sich — bisher wohl nur in Offenbach — die Verwendung des vollen Ertrages zur Bildung eines allgemeinen Ausgleichsfonds [1]).

In der Verschiedenheit selbst, welche die Verwendungszwecke dieser Fonds zeigen, liegt insofern nichts Auffallendes, als die Notwendigkeit oder Zweckmäßigkeit, Mittel für diesen oder jenen Zweck durch Fonds allmählich anzusammeln, nach den ganzen Finanz- und Parteiverhältnissen der einzelnen Gemeinden sehr

[1]) Vgl Mitteilungen der Zentralstelle des Deutschen Stadtetages vom 2 Februar 1909; ferner Empfehlung der Fondsbildung z B bei Altenrath, Preuß Verw -Bl, Jahrg XXX, S 219 und 696, Genzmer, daselbst, S 335.

verschieden zu beurteilen sein kann. Aber es entsteht doch die Frage, inwieweit und weshalb gerade die Wertzuwachssteuererträge — stark schwankende Einnahmen finden sich auch sonst — zur Speisung dieser Fonds geeignet erscheinen. Man hat versucht, diesen Verwendungszweck mit dem steuertheoretischen Grunde der Einnahme zu rechtfertigen, und je nachdem, ob man den Steuergrund in der Mühelosigkeit des von der Allgemeinheit geschaffenen Gewinnes oder in der Bezahlung besonderer Vorteile des Grundbesitzes durch die Gemeindeaufwendungen sah, ist der Ertrag zur Förderung allgemeiner Zwecke oder nur im Interesse des Grundbesitzes verwandt worden. Dabei ist aber offenbar der Begriff des Steuergrundes verkannt worden, denn Steuergrund ist bei jeder Steuer einzig und allein die Notwendigkeit, den Finanzbedarf zu decken (vgl. oben S. 3). Bei jenem Versuch ist daher wohl weniger an den Steuergrund als an das Steuerprinzip der gerechten Verteilung und an die Art der Bemessungsgrundlage gedacht worden. Es entbehrt aber bei näherer Betrachtung jeder inneren Begründung, aus den Grundsätzen für die gerechte Steuerverteilung Schlüsse für die Verwendung der Steuererträge zu ziehen. Angenommen, es besteht ein Bedarf von 500 000 M, so ist er in voller, aber auch nur in dieser Höhe unter Beachtung der Steuerprinzipien durch die einzelnen Steuerarten aufzubringen. Damit ist aber der Verwendungszweck der sämtlichen Steuern, die zusammen jene 500 000 M aufbringen sollen, bereits bestimmt, und zwar durch ihre Notwendigkeit zur Deckung des Bedarfes. Nur wenn man den Steuerzweck gar nicht in der Bedarfsdeckung, sondern nur in der Erreichung irgendwelcher, etwa sozialpolitischer Ziele sieht, könnte man aus der Natur dieser sogenannten Steuer Folgerungen für ihre Verwendung ziehen. Wir haben aber den besonderen sozialpolitischen Steuerzweck bereits oben abgelehnt.

Demnach kann festgestellt werden, daß die Überweisung der Steuererträge an Fonds und die Vielgestaltigkeit der Fondszwecke keinen theoretischen, sondern nur den praktischen Grund hat, daß sie im Sinne eines Ausgleiches der großen Schwankungen der Erträge, wirken und zwar in doppelter Weise. einmal durch die formale etatsrechtliche Natur der Fondswirtschaft an sich und sodann auch wegen der Natur der Fondszwecke. Denn trotz der scheinbaren Verschiedenheiten haben alle diese Fonds das Gemeinsame, daß sie Ausgaben decken sollen. die nicht unabweisbar dringlich, nicht für die nächsten Jahre unvermeidlich, sondern aufschiebbar sind, daß sie Zwecke betreffen, deren Dringlichkeit weniger durch Zeitablauf als durch eine Besserung der gesamten finanziellen Lage der Gemeinde steigt oder zu steigen scheint. So betrachtet, haben dann alle diese verschiedenen Fonds im Grunde keine andere praktische Bedeutung als diejenige eines allgemeinen Ausgleichsfonds. Denn angenommen, die allgemeine Finanzlage sei längere Jahre recht schlecht, so daß die notwendigsten Ausgaben von den übrigen Steuern nicht mehr bestritten werden können, so wird nichts anderes übriges bleiben, als einen früheren Gemeindebeschluß, der die Wertzuwachssteuererträge etwa einem Grundstückserwerbsfonds zuwies, ganz oder zum Teil aufzuheben. Ebenso würde es dem Straßenbaufonds gehen, und in letzter Linie würde die Speisung derjenigen Fonds sistiert werden, die den notwendigsten Zwecken, also z. B. Volksschulbauten dienen. Es zeigt sich dann eben, daß es mit der Fondswirtschaft nicht anders geht wie mit der Zwangsschuldentilgung der Staaten, d. h. sie wird fortgesetzt, so lange die Finanzlage es gestattet, sie wird abgeschwächt und schließlich suspendiert, wenn die Finanzen schlechter werden. Es kann daher durch die Zuweisung der Wertzuwachssteuererträge zu bestimmten Fonds auch keineswegs garantiert werden, daß diese Erträge etwa stets zu produktiven Zwecken verwandt werden. Denn angenommen, ein solcher Fonds solle einer in volkswirtschaftlichem Sinne produktiven Anlage dienen, so werden ihm Mittel immer nur so lange zufließen, als die Gemeinden diese Mittel nicht zu notwendigeren und dringenderen Zwecken brauchen. Bei der heutigen Finanzlage der Gemeinden, zumal in Preußen, wird nun in recht geringem Maße damit zu rechnen sein, daß die Erträge der Wertzuwachssteuer dauernd zu Grundstückssfonds, Straßenbaufonds oder gar zur außerordentlichen Schuldentilgung Verwendung finden können. Am regelmäßigsten wird ein Teil der Wertzuwachssteuer noch einem allgemeinen Ausgleichsfonds — wie in Offenbach — überwiesen werden. Denn da durch die indirekte Wertzuwachssteuer ein sehr schwankender Einnahmeposten in den Gemeindehaushalt gelangt, so ist ein solcher Ausgleichsfonds auch besonders notwendig. Aus der Natur und dem Zweck dieses Fonds ergibt sich aber natürlich auch hier, daß ihm in schlechten Jahren keine neuen Beträge — auch nicht aus der Zuwachssteuer — zugeführt, sondern

Teile des bisherigen Bestandes zur Deckung eines etatsmäßigen Defizits entzogen werden.

Nun soll aber das eben Gesagte nur zeigen, daß die Bestimmung der Wertzuwachssteuer für irgendwelche Fonds keineswegs ein sicherer Beweis für besondere Vorteile ist, die sich durch ihre Einführung etwa für das Gebiet der kommunalen Boden- und Wohnungspolitik erzielen ließen. Es soll dagegen nicht behauptet werden, daß die Zuweisung zu irgendwelchen Fonds, insbesondere zum Grundstücks- oder zum Ausgleichsfonds, unzweckmäßig wäre. Im Gegenteil ist anzuerkennen, daß diese Maßregel und die Bildung dieser Fonds überhaupt gewisse Vorteile hat, und zwar ähnliche wie z. B. die erziehliche Wirkung der Zwangsschuldentilgung beim Staate. Die einmal gefaßten generellen Gemeindebeschlüsse lassen nämlich die Ausgabe für einen an sich nicht so notwendigen Zweck als notwendiger erscheinen, wirken als moralischer Zwang und können um so schwieriger beseitigt werden, je gewissenhafter und weitsichtiger die Verwaltung einer Gemeinde ist. Derartige Beschlüsse über Fondsdotierungen vereinfachen auch die Etatsberatungen und ersparen die Wiederholung von Interessenkämpfen. Von diesem Gesichtspunkte aus ist insbesondere die Gründung von Grundstücksfonds zu empfehlen, die in Zeiten von Wohnungsnot eine Belebung der Bautätigkeit durch Abgabe billigen Baulandes und dadurch eine Verbilligung der Bodenpreise überhaupt ermöglichen.

Die Verwendung der Wertzuwachssteuererträge zur Fondsbildung erweist sich daher nicht als eine steuertheoretisch oder etatsrechtlich richtige oder notwendige, sondern als eine steuer- und etatspolitisch zweckmäßige.

Zweifelhaft kann es noch sein, ob die besonderen Fonds besser mit dem vollen Steuerertrage oder mit einer festen jährlichen Summe dotiert werden sollen. Der letztere Weg dürfte aber sicher den Vorzug verdienen; einmal im Interesse der Stetigkeit der Einnahmen des Fonds und der Erleichterung seiner Verwaltung, für die es natürlich häufig erwünscht sein muß, zu wissen, welche Mittel nach einem, zwei oder auch drei Jahren vorhanden sein werden, sodann aber auch deshalb, weil dann der verbleibende Teil des Steueraufkommens einem allgemeinen Ausgleichfonds zufließen kann, dessen Vorhandensein eine noch größere Gewähr dafür ist, daß den besonderen Fonds ihre Einnahmen in Zeiten mäßiger Finanzverhältnisse erhalten bleiben können. Der allgemeine Ausgleichfonds muß im übrigen naturgemäß und hauptsächlich aus derjenigen Quelle gespeist werden, die das Korrelat seiner Bestimmung ist, d. h. aus den allgemeinen Rechnungsüberschüssen der gesamten Verwaltung.

Für die direkte Wertzuwachssteuer fallt natürlich derjenige Anlaß zur Fondsbildung fort, der in den Schwankungen der Erträge der indirekten Steuerform liegt. Dadurch wird aber die Möglichkeit der Bildung solcher Fonds, die an sich aus den erwähnten Gründen sehr zweckmäßig sind oder sein konnen, nicht im geringsten berührt, wie schon daraus hervorgeht, daß zahlreiche Gemeinden, die eine Wertzuwachssteuer nicht oder erst seit kurzem haben, lange vorher Grundstückserwerbsfonds, Straßen- oder Schulbaufonds und allgemeine Ausgleichfonds gebildet und dauernd gespeist haben. Es bleibt daher lediglich als ein Vorteil der direkten Wertzuwachssteuer der Umstand übrig, daß die großere Stetigkeit ihrer Erträge an sich die Etatsaufstellung erleichtert und die erheblichen Schwankungen der Rechnungsüberschüsse erschwert, daß sie aber die Fondsbildung ebenso gut gestattet wie alle sonstigen Steuern, ohne zu dieser Maßregel zu nötigen.

GPSR Compliance

The European Union's (EU) General Product Safety Regulation (GPSR) is a set of rules that requires consumer products to be safe and our obligations to ensure this.

If you have any concerns about our products, you can contact us on ProductSafety@springernature.com

In case Publisher is established outside the EU, the EU authorized representative is:

Springer Nature Customer Service Center GmbH
Europaplatz 3
69115 Heidelberg, Germany

Batch number: 10844623

Printed by Printforce, the Netherlands